学芸みらい教育新書 ⑩

小学三年学級経営 新卒どん尻教師はガキ大将

向山洋一

Mukoyama Yoichi

学芸みらい社

まえがき

本書は、若き教師への連帯の書である。

本書は他の学年別シリーズと異なり、新卒時代の私の実践のみで構成した。

私がかつて法則化運動を立ち上げ、多くの書を出版したことで、私や法則化運動に関心を持つ方が増えた。その中には、「向山を超えてやる」「向山を倒してやる」と思う方も多かったようだ。そうした方々のために、私の新卒時代の一年間の実践を当時の資料をもとにまとめてみた。いわば「駆け出し時代の向山実践」だが、それだからこそ意味もあると思う。教師の仕事は時代を超えて伝えられていくものがあるからだ。

新卒のころは、日本で五指に入る本の出版や法則化やＴＯＳＳのような仕事で全国展開をすることなど、当然のことながら考えていなかった。望んでも叶わぬ、夢のまた夢の世界の出来事だった。私の実践を本にする話が起きたのは、一五年もたってからであった。

資料は散逸しており、まとまったものは何一つ残っていない。子供の日記もテストも私のメモもみんななくなっている。

けれども、本を書くと決まってから一つ一つ資料を集めだした。それは、ばらばらにちぎった紙きれの一片一片を集めるようなものだった。ところが、その中にたまにキラッと光る資料が出てくるのである。

たとえば、私が新卒の時の第一号の学年通信である。親に初めて私の名前を知らせたものである。たとえば、研究紀要である。その中に、私は文章を書いていたのである。たとえば、ＰＴＡ便りである。その中に私は新卒の所感を書いていた。たとえば、通知表の下書きである。これは集計用紙に書いたものだが、週案簿の中にはさまっていたのである。次々に出てきて奇跡のように感じたこともあった。まるで、一五年後にただ一回だけ使われるのを予感したように残っていたのである。

私は三〇歳をこえたころ、大きな体験をした。大事な二つの原則を学んだ。

一つは、うまくいく時は、今までのカードがすべてひっくり返り流れ込んでくること。

もう一つは、これだけに限っていえば、自分は日本一だと確信した時、そのことに関する他のことがすべて分かること。

本書を書いていて、自分でも驚いたのは、新卒の時にすでに教育研究の新しい方向を模索していたということである。自分の頭で考え、実践の中から論理をつかんでいこうとしたのである。青春に挫折し、大学をどん尻で出たことの最大の収穫がこれであった。

「事実のみを根拠にする、自分の頭で考える」という私の信念は、自分の青春時代と引き替えに手に入れたものなのである。

エビデンスの大切さは、二〇一〇年を超えてから教育界の中で言われ出した。

前途洋々たる若い青年教師が、「子供の事実、腹の底からの実感」を拠り所にして、多くの本を読み、信頼できる教師から学び、謙虚に子供たちに向かい、いつの日か私を超えていくような教師に成長されることを期待している。

目次

第1章

教師生活の第一歩

1　子供との初めての対面

四月、子供との出会いは大切な場面である。出会いの出来事が、その後の一年間を決めてしまう時もある。

私の教師生活は、一九六八年四月五日から開始された。以下は、私の新卒の時の出会いの出来事である。「希望に胸がふくらみ、緊張した一日だった」と書けば嘘になる。学生運動に挫折した私は、いささか虚無的な心情と、どうにでもなれというふてくされた気持ちを抱いて赴任した。

学生時代「何もしなかった」という落ちこぼれ学生の私の教師生活は、こうして始まったのである。

東京学芸大学卒業生の中で、どん尻で奇蹟的に卒業した私は、いささかの運の良さを感じてはいた。

新しい生活が始まる――という、ほんの少しのときめきはあった。

職員朝会の時、一人一人挨拶をしたことは覚えている。私の挨拶は次のようであった。

「せめて子供の可能性をつぶさない教師になろうと心に期しております。いささかはねっかえりのある人間ですが、気弱なためとご理解ください。今後のご指導をよろしくお願いします」

前おきなしに本論に入るのが、今日も変わらぬ私の話し方である。

その後、多分、諸連絡があったのだ。そして、入学式場の設営と一年生の教室の準備をしたはずである。

翌日、四月六日が始業式だった。初めて子供たちと対面したのである。教育実習に行っていた学芸大附属小学校や田園調布小学校の子供たちと、どこか顔つきや雰囲気が異なっていた。粗野な感じがしたのである。子供たちに何と挨拶をしたのかも覚えていない。子供たちが私のまわりに群がってきて、可愛かったという印象がある。

席を決めた。男子一九名、女子一八名だった。

子供を帰して教室にいたら、先輩の先生がやってきて「組合に入りませんか」と言われた。私はその場で、組合に入ることを承知した。まだ、ほとんどの人が組合に入っている時代だった。

四月八日、月曜日。朝礼があって、一校時、二校時は、大掃除だった。

三年生は教室だけを掃除すればよかった。この時、私は初めて「指導の原則」を意識することになる。

私の教師生活の原点である。それは、次のようだった。

全員の原則

「指示がない」ことは、「まちがった指示」よりわるい

子供たちは、掃除の中で、一つ一つ、やることを聞きにきた。

「このごみをどうするのですか」「窓は開けるのですか」「机を運んでいいですか」

私は、バラバラに答えてはいけないと直感した。学生運動のストライキの指示と同じである。高揚したストライキの中にあっては、指赤のあいまいさ、その場しのぎの対応が大混乱のもとになる。状況は刻々と変化し、一時間いや一〇分でも経ってしまってからでは

人柄の良さは決断のかわりにはならない

とり返しのつかないことも起こる。これが原因で、学校を去る人間さえ生まれるのだ。私が学生運動をしていた時代は、ゲバ棒以前（武力抗争以前）だった。だから、ストライキといっても、まだ平和な時であったが、しかし、若い生命の燃焼であることに変わりはなかった。指示の一瞬のくるい、一瞬の遅れが、全体のくるいに転化する。

私が当時属していたグループは「一瞬の遅れ」をよくした。具体的な展望と決断に欠けていた。だから、ストライキになると、どこの大学でも批判の的になった。組織原則のみに依拠した官僚的な思考と判断の遅れがいつもつきまとっていた。だが、人柄は良い人ばかりであった。

この官僚的な思考と判断の遅れによる大混乱をいつも私は目にしていた。そのくせ、スローガンだけは立

人が集まればルールが必要になる
ルールには原理が内在する

派だった（後年、教師の実践の中でも、同じだと思ったことがある。一九八九年の東ヨーロッパの大変革は、これと全く同じことだった）。学生運動を挫折した私であり、何もないところから出発した私だったが「子供たちを動かす」「学級を組織する」ことは、原理は同じだと思った。

人が大勢集まれば、ルールが必要になる。そこには自ずと、原理みたいなものが内在している。教師の勉強はほとんどやってこなかった私だが、青春の対価として身に付けたことが教師の出発点で役に立った。一人一人、聞きにくる子供たちに対応しながら「これではいけない」と思ったのである。

青春時代に私に身に付いたことが、私の中でささやいているのである。

「すぐに何とかしろ！」

「はっきりとさせろ！」

子供の可愛らしさに甘えてはいけない

今までのルールをすべて確かめる

一人一人やってくる子供たちの可愛らしさにのめり込んではならなかった。三校時と四校時を、学級会の時間にあてた。

今までのルールの総ざらいである。

「朝」のことから始めた。

「朝の会に先生が入ってきます。今までは、その時に、何をしていましたか？」

子供たちは次々に手を挙げた。

「日直二人が前に出て、起立、礼、と挨拶をしていました」

「日直は四人でした」

「自分の席で号令をかけていました」

方法は、いくつも存在していた。三年にあがる時、学級の編成替えがされていたのである。

四学級から来ていた。

まず、きっぱりと決断する

あいまいさは混乱のもとである

方法を明確にし全員に理解させる

新しい学級のルールとして、どれか一つに決めなければならない。どれがいいか、話し合わせる方法もある。しかし、こんなことを話し合わせていたら、いくら時間があっても足りないだろう。

ここは、きっぱりと判断すべきだ。どれを採用してもたいしたちがいはないと私は思った。三年四組の新しい方法を明確に示して、全員が理解すればいいのである。

よくない方法なら、いずれ不満が出るだろう。その時に修正すればよい。

私は、最もシンプルな方法を採用した。

「日直は隣の席の人と二人でやります。一日交代です。日直の人が自分の席で号令をかけます」

朝の会のことはこれですんだが、朝の会以前のことがまだある。できるだけ広く目配りをしないと、後に

すき間の時間にも気を付ける

子供はアドバルーンをあげ、教師の反応を見る

そこから崩れていく。

「朝の会が始まるまで、つまり、みんなが教室に来た時は何をするのですか？」

ここでも、クラスによって様々だった。ここで、ある一団の子供たちが（みんな同じクラスの出身だが）気になった。

自由奔放、というより、まるでルールがなっていないのだ。聞くと、二年生の時、授業中集団脱走ばかりしていたという。「授業中に逃げちゃったのか」と聞くと、得意そうに「うん、そう」「楽しかった」と言っていた。

「これは、楽しみだな」と思った。きっと、エネルギーのある子供たちなのだろう。不満のはけ口が脱走になったにすぎない。どの子も、可愛く、たくましそうな顔をしていた。その中のボス格、S君が、大きい体

優しく、しかし毅然と対応する

登校して教室に来た時の行動を指示する

を椅子からはみ出させて、斜めうしろを向いてすわっていた。

「教室では、前を向いてすわるんだよ」私は優しく言って、その子の席に行き、椅子をカチッと前に向けさせた。S君を見てニコッと笑った。彼もニヤッと笑った。これが初めての子供と教師の闘いの場面である。私の勝ちだろう。優しく、ニコッとしながら、ジャブをとったのである。

私は少しドスを利かせて言った。

「ちゃんと腰かけてごらんなさい」

とたんに、教室の雰囲気がピーンと張りつめた。背筋が伸びた。S君も、しぶしぶ、ゆったりと、椅子をガタッと動かした。

朝、教室に来た時のことを続けた。教室に来たら何をするか、クラスによってちがっていた。一つにしな

質問は後で受けつける

休み時間、授業、給食などのルールを決める

ければいけない。

私は次のように話した。

「教室に入る時、友達におはようございますと、挨拶をします。

一時間目の勉強の用意をします。

晴れの日は、全員、外へ出て遊びます。

集金の袋は、朝の会で先生が集めます」

ここまで言って質問を受けた。

「雨の日でも外に出るのですか？」

「雨の日は外に出ません」

「朝一番目に来ても挨拶をするのですか？」

「挨拶は人にするものです。自分で考えなさい」

こうやって、休み時間の時、授業の時、給食の時のことなどを聞いていった。給食のこと、図書のことなど、実際にやってみないと分からないこともあった。そん

自分の思想と合わないものは採用しない

な時は、今までの「あるクラス」の方法を仮採用した。それでやってみて、うまくいかなかったら他の方法をしようと念をおしておいた。このように、変える可能性のあることは前もって言っておいた。ここまで二時間かかった。係は、後まわしとした。

このように子供たちに今までのことを聞いていくと、他の先生の教育の方法がよく分かった。子供たちは、実にクッキリと前の担任の方法を再現してくれた。しかも、四クラス分である。私は、その中から良さそうなのを選べばよかった。時にはアレンジしたりした。

でも、「これはできないな」と思うことも少しあった。たとえば、給食を無理矢理食べさせるということである。「生理的苦痛となることは、一〇〇パーセントの完成率を求めてはならない」というのが、私の信念である。どうしても、食べられないものなら、しかたが

学校はまず指導をするところ。本末転倒にならないこと

勉強の罰に当番活動を使わない

ない。残させればいい。

給食ぎらいで登校拒否になるのは、教師の指導に原因がある。むろん、好き嫌いはない方がいい。しかし、それは、徐々に直せばいい。本人の成長とともに大方はなくなっていく。

また、たとえ大人になって、多少の好き嫌いが残ったとしても、どうということはない。「納豆がだめな人」「肉がだめな人」「サシミのヒカリモノがだめな人」はけっこういる。すべてを無理矢理食べるようにさせるなど、余計なお世話であり、教師の思いあがりである。「もう少し食べてみようね。これは体の骨になるんだよ」と、少しずつ、はげましていけばいいのである。

また、宿題を忘れた時、「罰当番」というのもあった。「これもできないな」と思った。「働くこと」に「罰」のイメージを与えるべきではない。むしろ、プラスの

「見せしめ」を避ける

イメージを与えるべきであろう。「宿題忘れたら、掃除しなくていいよ。その間に忘れたところをやっておきなさい」ぐらいでいい。

もちろん、へたにやると「全員忘れる」ことになるかもしれない。しかし、ふつうにやっているクラスなら、やはり多くの子は、宿題をやってくるであろう。いずれにしても「宿題忘れ」と「罰」とは、結びつけない方がいい。

さらに、忘れ物をすると一覧表にして教室に貼り出すというのも「やれないな」と思った。これは「見せしめ」なのだろう。「見せしめ」のような、底意地のわるい方法は避けるべきだ。

忘れ物のグラフが、ずっと貼り出されている状態は、かなり屈辱的なものだ。これによって、少しの子供は変わるかもしれない。しかし、子供を屈辱的なことで変えるべきではない。それに多くの場合変わらないものだ。もっと他の方法をくふうすべきだ。教師が知恵を出す方向で考えることだろう。教師の知恵の不足を「貼り出す」という腕力に訴えているのである。

かくして、四月八日は、クラスの中に「しくみ」と「ルール」を一応確立するということで終了した。

教師はくふうし、知恵を出す

これが、新卒一年目、最初の授業時間に私がやったことである。新卒のその時に、私は、すでに様々な原則を意識していた。それは「教育学」から学んだものではない。自分の青春時代を費やした学生運動から学んだものである。私が大学生の時、二度にわたり無期限ストライキがあった。私はその指導者の一人だった。ストライキというのは大変なことで、多くの人が退学処分を受けた。自殺した人もいるし、精神を深く病んでしまった人もいる。ぎりぎりの極限で身に付けたこと――それが、教師の出発点で役立った。「人を指導する原則」は、同じことなのだと思ったものである。

2　学級を組織する

学級を組織する仕事にとりかかった。これも、ないがしろにできない仕事である。

学級の組織をどのように作ったのか、新卒当時の週案等でたどってみる。

> 四月八日の「しくみ」「ルール」作りにつづいて、四月九日の五校時の学級会で、学級の「システム」を作った。つまり、班の構成（身長順にして、視力に障害のある子を前にした席決めも含める）、掃除当番、給食当番、日直などを決めたのである。
>
> また、いくつかのクラスのルールを補足した。

机の動かし方、ロッカーにしまう物などである。多くは、今までの子供たちのやり方の中から選んだ。二年生の時は四つのクラスから成り立っていたわけで、それを分解して三年四組が出来たのであるから、細かくいうと四通りのルールがあったわけである。

これでは都合がわるい。その中の、よいと思う方法を選択したわけである。

この時、係は決めていない。次の週、四月一六日の学級会で係を決めた。どんな係を決めたのか、残念ながら資料がない。多分、二年生の時の延長であったろうと思う。
二年生の時の係がそれぞれ出されて、挙手で多数のものを係に決定したと思う。私が児童活動の研究に着手し、係は「文化・スポーツ・レク」を中心とした内容に限定すべきだと考えるのは、もう一、二年後のことである。

この時、クラスのめあてを決めている。

これは当時の資料がある。
子供たちは次々に案を出した。次々に出てとどまるところを知らない。黒板に書いた後、一人の子に四回まで挙手させた。その結果が次である。

一位	自分の考えをはっきり言おう	二四人
二位	みんな助けあおう	一七人
三位	うそをつかない	一五人
四位	みんななかよくしよう。なかまはずれはよそう	一四人
五位	やくそくはまもろう	七人

六位　掃除や勉強はまじめにやろう　〇人

この結果は、今見ても面白い。「掃除や勉強はまじめにやろう」がゼロなのが特にいい。また「自分の考えをはっきり言おう」などもとてもいい。二位と四位は同じような内容である。これを一つにまとめたら、これが一番だったろう。私はまとめようとしたのだが、子供たちが「意味がちがう」と主張して一本化させなかったのである。ここらへんの筋の通し方なども大変によい。

その次の四月二三日の学級会で、初めて話し合い活動をさせる。

その時、議題は八つ出されていた。

一、誕生会のこと
二、Y君がらんぼうなこと
三、夏休み前のお楽しみ会のこと
四、机の中の道具のこと
五、出張当番をさぼる人のこと

六、女の子のつげ口のこと
七、Wちゃんのいじわるのこと
八、係の仕事のこと

一人二回挙手をして、「誕生会」が三四人で一位、「係の仕事」が一六人で二位、「Wちゃんのこと」が一一人で三位、後は数人であった。

さて、誕生会が子供の手で企画され、実行された。劇が多く、やっている本人だけが楽しんでいた。「このようなドタバタ劇をやるのか、何とかしなければいけない」と思ったものだった。これは、後になって変革していくことになる。

以上をまとめてみる。クラスの主なルールを決めた後、次のことをした。

第一に、クラスのシステムの骨組みを作った。
つまり、班分け、掃除当番、給食当番、日直などを決めた。
第二に、係を作った。
第三に、クラスのめあてを決めた。

第四に、学級会を開き、「誕生会というイベント活動」をすることを決めた。

基本的なしくみを作ってから、まずイベントにとりかかった。

これは、なかなか理にかなった方法だった。

3　子供の実態をつかむ

子供のことをよく知ることは、教師には欠かせない仕事だ。「あれども見えず」になってはならない。

家庭調査表は教師の指導のためにある。短い文ではあるが、深く読み取れば心すべきことが多くある。

しかし、新卒時代の私には、読めてなかったところが多い。後になって、そうだったのかと思ったことがほとんどである。新卒当時は、「家庭調査表」を読みこなす力がほとんどなかったといってもよい。私の無力さを以下に示す。

家族の状況欄に次の記述があった。（以下、氏名は仮名である）

よく読めば、この記述がいかにすごいのか想像はできる。

しかし、当時の私は、チラッと見て「お母さんは後妻だな」と思った。「お母さんとうまくやっているかな」とちょっと心配した。この子は、すぐに転校した。転校する時に書類を作る段で、びっくりしたのである。

父と母と本人と、姓が全部ちがうのである。それまでは「吉田と吉岡」を同じに読んでいたのだ。

　これはいかなることなのか？

　母親と別れて、後から別のお母さんが来たという、世間によくある話ではないのである。世間で聞いたこともない事態なのである。きっと、複雑な事情があるのだろう。私の想像を超えた体験をこの子はしてきたにちがいない。

父	吉田健一
母	中条正美
兄	吉岡太郎
本人	吉岡次郎

　この子は、明るい子だった。たくましい子だった。わずか二カ月ほどの担任だが、今でも、どこで何をしているのかと思う。

　父親の姓名をしっかり読んでいれば、私はもっと別の対応をしたにちがいない。もっともっと優しくしたにちがいない。私は、なんという鈍感な教師なのだろう。こんな重大なことを、その子が転校する時まで、転校書類を書く時まで気が付かなかったのである。痛恨の出来事だった。

　また別の子だが、次の記述も私は見落としていた。

「養育園入園中」の文字が目に入らなかったのである。重度のダウン症の妹がいて、養育園に入園していたのである。

この話は後日、両親から聞かされた。この両親は学校のことをあれこれ気を配り、手伝い、さし入れなどをよくしてくれた。自然に話す機会も多くなり、この妹のこともいろいろ伺った。父親は養育園のPTAの役員などもしており、障害児の教育に熱心に尽くしていた。

兄	加藤　宏	六年二組
本人	加藤君子	三年四組
妹	加藤好江	養育園入園中

私は「養育園入園中」という言葉を見た時、何かを感じなくてはいけなかったのである。新卒とはいえ、一人前の教師として子供たちの前に立っているのである。家庭調査表もプロの目で見なくてはいけなかったのだ。なんとなく、ボーとながめただけではいけなかったのである。

家庭調査表の欄に、「テレビを見る時のきまりは?」というのがあった。

これはすごい欄だと思う。

現在ならこれは当たり前だろう。子供たちの生活のリズムを取り戻す運動の中心にもなっている。テレビを見る時間を決めることが大切であると強調されている。

しかし、この調査表は昭和四三年の時のものである。この時期に「テレビを見る時のきまりは?」という家庭調査はそれほど多くないと思う。きわめて稀だったといってよいだろう。

だが、私は、この調査については、ほとんど意識がなかった。新卒当時、フーンと思っていただけだった。

しかし、毎年毎年の家庭調査から、私はある傾向を発見する。昨今、テレビの害毒についてずいぶんと強調されだしたが、それよりずっと以前に私はあることに気付き、保護者会などで発言をしていた。これはこの家庭調査表があったためだった。何を気付いたのか、昭和四三年度の大森第四小学校の調査を以下に示す。

テレビを見るときのきまりは

男子の保護者	女子の保護者
① 家族で多数決でチャンネルを決める	① 三時間ぐらい見る(注、実態である)
② 別にきまりはありません	② 行儀よく見る
③ 妹と取りあうのでゆずりあうこと	③ ない
④ 六時～八時まで	④ 六時～八時まで
⑤ 六時から八時まで	⑤ 夜八時までは子供が選ぶ

⑥ 食事の時に消す。夜八時まで
⑦ 一日に二時間ぐらい
⑧ 食事時は消す。夜は八時まで
⑨ 九時まで
⑩ ない
⑪ 別にない
⑫ まんがは一つだけ
⑬ きまりはなし
⑭ ない
⑮ ありません
⑯ ない
⑰ 八時まで
⑱ なし

⑥ なし
⑦ 午後八時まで約二時間
⑧ 八時まで
⑨ ありません
⑩ 特になし
⑪ 食事中は見ない
⑫ 夜は八時まで
⑬ 夜八時まで
⑭ 離れて見る
⑮ いろいろです
⑯ 八時三〇分まで
⑰ 一メートルぐらい離れてみる
⑱ 夜七時半までときめてあります

以上が昭和四三年、三年四組のテレビのきまりの回答のすべてである。大別して二つに分かれる。

（A）　きまりがある　二二人

（B）　きまりがない　一四人

さらに、Aは大別して二つに分かれる。

（A1）　時間制限がある　一五人

（A2）　時間制限がない　七人

そしてA1は、大別して二つに分かれる。

（A1のア）　総量規制がある　六人

（A1のイ）　総量規制がない　九人

（A1のア）の子供は全員、成績が一〇位以内であった。つまり、成績のよい子ほどテレビを見るきまりがきつかったのである。他に食事時に消すという家が三軒あり、しかも、最後が八時までとなっている家もあった。この子たちも、成績は一〇位以内である。さらに厳しく夜七時半までという家があり、この子も一〇位以内であった。

整理しよう。成績が一〇位以内のテレビのきまりは、次のようであった。

総量規制がある（二時間）　五人
食事時には消す（うち、一人は夜八時まで）　三人
夜は七時半まで　一人
その他　一人

つまり、成績のよい子の家庭では、テレビのきまりがはっきりしており、あるルールが存在していたのである。

何度も言うが、昭和四三年の時の調査なのである。テレビがもてはやされ、テレビを見ることは勉強になると強く信じられていたころの話なのである。そのころでさえ、「成績のよい子の家庭ではテレビの視聴時間を制限していた」ということである。

一方、制限をしていない子は、五時間も六時間も見ていたと思われる。こんな実態からも、「テレビ視聴」の原則は出てくる。

第一原則　最終時刻を決めよ。
　小学校三年生なら、夜の八時までである。

第二原則　総量を決めよ。

一日二時間以内がめやすである。（当時の私のクラスでは、一時間半以内としていた）

第三原則　食事時間はテレビを消せ。

食事時間にテレビがついていると、唯一の親子の会話の時間帯がなくなる。

これが、昭和四三年のかんたんな調査をもとにした仮説である。もっとも、新卒の時は、私はこのことに気付いていなかった。学年通信などで、主張を始めたのはそれから五年後、昭和四八年ごろからである。日本中の教師は、テレビについてまだほとんど誰も発言していなかった。

前述したアンケートは、一見、つまらない、当たり前の結果に見える。しかし、そこに他のデータをクロスさせると見えないものが見えてくる。時には、勉強にさえなる。

私のテレビ視聴の三原則は、その後の重要な指標となっていった。

4　学級経営案

赴任してから一カ月ぐらい経ったころ、学級経営案を作成した。形式が決まっていて二枚のプリントに入る内容だった。私は後年、経営案のあり方を示すため六年の学級経営案を書き、拙著『教師修業十年』（明治図書）の中に収めた。この「学級経営案」は少しは話題になって、名古屋大学の安彦忠彦氏は一つの典型として何度か引用されている。

左記のものは新卒の時の学級経営案であるから、むろん未熟である。しかし、私が書いた初めての学級経営案なので、そっくりそのまま以下に紹介する。

「学級経営案」　昭和43年度

大森第四小学校　3年4組　担任氏名　向山　洋一㊞

①　在籍　男18名　女18名（5月1日現在）

②　家庭環境

要項	男	女	計
外国籍	1	0	1
母子家庭	1	1	2

要項	男	女	計
準要保護家庭	2	1	3
鍵っ子	0	4	4

③ 特に観察指導を必要とする児童

児童氏名	問題状況（身体面・行動性格面・学習面）
A　子	遅進児　IQ27
B　男	遅進児　IQ36
C　男	学習態度が悪く、常にからだの位置が定まらない。
D　男	孤立児、みんなと遊ばない、一人でいる。そうしたところから運動神経能力が発達してない。

④　学級歴（担任歴）組がえの有無とその時期等

1年	2年	3年	4年	5年	6年
小出	小出	向山			

⑤　保護者の職業別児童数

会社員	工員	工場経営	公務員	土木建設	商店経営
13	5	9	1	2	2

運輸	漁業	金融	自由業	無職	その他
0	0	0	1	1	2

⑥　わたしの学級観（学級の実態・興味関心の傾向・集団意識・父母の熱意・学級の特長）

三年の現在の学級になるまでに二回クラス編成が行われたためか、落ち着いてしっとりしたような学習態度に欠ける。

学級全体としての集団意識は薄く、遊び（野球）、通学、班等を通してのグループ化があらわれ始めている。

父母の熱意はいまだ分からずにいる。年度初めの学年会には一〇名程が出席した。それを見た限りでは普通程度ではないかと思われる。

学級の子供たちの最大の特長は、子供たちの眼が輝いていることである。質素、率直、正直、公平等がこの子供たちのもっている優れた点である。

⑦ 学年の目標（学校目標の具現化したもの、学年で話し合った努力点など）
楽しく遊びしっかり学ぶ子。

三年は児童間の分化が始まり、しきりにグループピングが行われる時期である。また学力にも差がつき始める学年である。それら、三年の特徴を生かすために、楽しく遊び（元気に遊びではない）しっかり学ぶ子を学年目標としてかかげた。

⑧ わたしのねらい（学級経営上、特に意図し努力したい点）
（例）学習指導の重点、生活指導の重点、環境構成・家庭連絡など
なによりも、自分自身の頭で、真実は何なのかを追求していく力を作り出してや

りたい。

ごく当たり前のことも、様々な角度から、いろいろなことが言い得る。そうした柔軟な思考力、そして、感性的認識から理性的認識へ発展しうる力を、いかなる教科の中でも追求していきたい。

その中で、個々人が持っている様々な才能を開発し発展させていきたい。

学習指導の効果をさらに上げる上でも、否、教育それ自身として重要な領域である生活指導の面でも次のような点を心がけていきたい。正しいことを正しいと言え、悪いことを悪いと言える子、そして、そのことを実行できる子。

むろん、集団生活をする上での様々なルール、約束等はそのつど指導していきたいが、生活指導上の重点として、上記に述べたことを中心に行っていきたい。

学習環境が荒れていると子供の心もまた荒れる。

社会、理科、作文、図工等をした中で、発表に適したものを中心にしながら、学習環境を随時整えていきたい。特に理科は、年間の四季の移り変わりを学習するので、その季節にマッチし、学習の糧になり、子供の心をなごやかにするもの等をそなえていきたい。今、小鳥、オタマジャクシ、ヤゴ、エビガニ、カメをクラスで飼育し、各種の鉢植えの花がかざってある。こうしたことを今後とも続けていきたい。

学級経営案に一学期と二学期の反省を書き加えている。

(一学期の反省)

慌ただしい動きの中で、一学期も終わった。教師生活、初年度第一歩は忙しいという印象の中に暮れた。特に感じたのは、子供自身がなげつけてくる課題にどうこたえるかということであった。未消化のままのものも、多々ある。子供の中で、子供とともに考え、解決していきたい。

(注・子供の中で、子供とともに考え解決していくという方法は、私の変わらぬ態度である。私は現場人なのである)

(二学期の反省)

京浜教育ともいうべき教育方法(内容をも含んだ)が必要ではないのかという問題にぶつかった。中小工場の密集する本校の特殊性の中で、やはりそれに合ったような教育が必要なのだ。とにかく、そうした巨大な課題を背負った感じだ。

（注・「京浜教育」は「法則化運動」「TOSS」として結実する。法則化の「学校論」「教育課程論」へつながっていく）

さて、以上を読み返してみての感想はというと、未熟の一言につきる。が、若々しい、すがすがしさはある。一所懸命子供たちに取り組んでいる熱気が伝わってくる。

これでいいのだと思う。二〇代の教師は確かに未熟だ。しかし、二〇代の教師にしかできない教育がある。教室の中に充満するすがすがしい熱気は、青年教師だけがもつことのできるものである。多少の未熟さは、すがすがしい熱気がカバーしてくれる。だから若さのない青年教師、知恵・技術のない年輩教師は最悪なのだ。

二学期の反省が自分でも注目に値する。新卒当時から私は「京浜教育」の構想を考えていた。地域と子供にどっぷりひたっていた証拠だろう。京浜工業地帯の中小工場の密集するこの地の子供には、この子供たちに特有の課題があり、その課題を解決していく教育内容・方法が必要だと痛感していたのである。

子供のためにそれが必要であり、教師である私がやらなければならないと考えていたのである。その意気や壮ではないか。

挫折とどん尻の状態で大学を出て一年、私は自分の教師としての生きていく方向を、まさに教育の事実の中から、子供たちの現実の中からつかみ始めていたのである。

第2章

仕事にとりかかる

1　新卒当初の諸会議

新年度は、様々な仕事、会議がおしよせる。教師を何年もやっていれば、上手にこなしていけるが、新卒の時は大変だ。夢中で時間が過ぎていく。

以下は、私の新卒の時の諸会議の記録である。現在も、これと同じような状況だと思う。

社会科部会(四月一〇日)

教科部会が開かれた。私は希望どおり、社会科部会に所属した。

部員は五名である。社会科主任は年輩のY先生だった。この先生はお坊さんでもあった。

当面する仕事が四つ決められた。

第一は、海苔作りの郷土資料を集めることである。来月、Y先生の友人の家へ海苔作りの道具を取りにいくことになった。海苔作りが廃業になるまで、海苔屋さんだった家である。

第二は、教材用の地域写真をとることになった。これも、今月中にみんなで学区域をまわることになった。

第三は、各学級で作った資料を集めて、保管することだった。これは私の担当になった。

第四は、父母から各地の絵ハガキを寄付してもらい、教材とすることだった。

教師生活が始まったばかりなのに、次々と仕事がまわってくる感じがした。(新卒時代の仕事など、仕事のうちに入らないと実感したのは、何年も後のことである)

特活部会(四月一一日)

翌四月一一日木曜日の放課後は、教科外研究部会が開かれた。私は、「特別教育活動研究部会」という、漢字が十文字びっしりと並んだ研究部に所属した。中学、高校で経験した生徒会活動の小学校版のようなことをやるらしい。部員は六名であった。

まずは、代表委員会を担当する人である。代表委員会とは、つまり「議会」であるようだった。

次は、運営委員会を担当する人である。運営委員会とは、代表委員会の議事運営が主たる仕事で、それに時々は内閣のごとき仕事もするらしかった。

その次は、部活動を担当する人である。部とは、つまり委員会のことであって、それはつまり、各省にあたる役割をするようであった。

さらに次は、クラブを担当する人である。

そして、学級会を担当する人である。

私は、部活動の担当になった。しかし、新卒ということで、先輩のH先生も一緒に担当者ということになった。

それぞれの担当者が、すぐにでもしなければならない仕事があった。たとえば、クラブ担当者は、クラブの希望調査をとり、クラブを決めて、担当教師を割り当て、第一回クラブを発足させなければならなかった。私も、各部の人数を調整しなければならなかった。

しかし、中でも大ごとなのが、前期運営委員会を発足させることであった。これは、五、六年生の各クラスから立候補した子供が、それぞれにポスターなどを作って選挙運動をやり、体育館で立会演説会なども行い、直接選挙によって一二名が選出されるとのことだった。聞いているだけでも「大変だ」という感じがした。

四月一六日。五校時に体育館で立会演説会、その場で投票ということが決められ、翌一七日開票、一八日に第一回運営委員会を開催することも決められた。

この日は木曜日で、来週の火曜日には立会演説会である。ものすごいハードなスケジュールで、教師の意思統一が大変だと思ったが、淡々と会議はすすんでいった。毎年やっていることなので、他の教師もすでに知っており、ルーチンも決まっているとのことだった。

職員会議（四月一七日）

第一回の職員会議が二時半より開かれた。予定より少し遅れて始まった。はじめに学校長からの話があった。石川正三郎校長の経営方針の表明である。「児童にほれ、父母にほれ、地域にほれるような教師であり、教育であってほしい」旨の話であった。次に、視聴覚研究計画について主任のT先生から話があり、提案どおり可決された。今年一年間の研究計画である。

その次に、特活部活動について主任のA先生から提案があった。この提案にびっくりした。先日、特活研究部で話し合ったことが二枚の美しいプリントになっている。整然と論理的に構成されている。あの話し合いが、こんなにも見事にまとめられるのかと感嘆することしきりであった。A先生、三〇歳を超えたばかりの美しい女の先生である。

その他、職員会議では、こまごまとした連絡事項がいくつも続いた。

学年会（四月一九日）

体重測定があって、放課後学年会があった。教科進度の確認、学年費等の集金のこと、家庭環境調査表を集めること、来週月曜日ＰＴＡの委員総会があり、全員ひとことずつしゃべる分担を決めた。

その他、子供の様子について話し合った。

2　一学期の主な会議

一学期の主な会議の内容をまとめると、次のとおりであった。

学年会　四月二六日(金)
遠足を五月二三日に決定する。授業参観とその後の学習懇談会を五月中旬、ＰＴＡ学年委員会を五月上旬にもつことを話し合う。遠足の実地踏査を五月六日にする。

社会科部会　五月八日(水)
整理棚、整理ダンスを区分けする。掛図の整理をする。
月曜日、二時三〇分〜四時まで区域の写真をとりに出かけることに決める。

視聴覚部会　五月一三日(月)
視聴覚教育についての問題点を出し合う。
一、教科書とテレビ番組の主題がずれている。

二、本校カリキュラムとテレビ番組の進度が一致していない。
三、私(向山)は原則としてテレビを見せたくない。教師の授業の方がテレビよりよいと思う。
四、事前指導、事後指導をどうするのか。
五、視聴覚教材、視聴覚教具とは何か。
六、教師用研究図書が必要である。
七、視聴覚的教育方法とはどのような方法か。

管理部会　五月一四日(火)
掃除の時にマスクをかけさせる件、道路わきの掃除について話し合う。

学年会　五月一四日(火)
一、遠足について
二、交通安全について
三、授業参観予定

一組・二組…算数　　　　　三組・四組…国語

四、教科の進度

算数…表とグラフ　　　　　社会…工場しらべ

国語…国の家・へちま日記　音楽…せいくらべ・キンコンカン

理科…温度計と虫めがね　　図工…箱作り・遠足の絵

視聴覚研究会　五月一六日(木)

〈研究会次第〉

一、あいさつと講師紹介　校長

二、あいさつ　　　　　　講師

三、経過報告　　　　　　研究主任

四、講話　　　　　　　　講師

五、おわりのことば　　　教頭

〈講師の話の中で印象に残ったこと三点と私のコメント〉

A　視聴覚教育は教育方法の一つである。(当然だ)

B　視聴覚教育についての研究で大切なのは、いかに多くを知るかではなく、いかに多くを役立てるかだ。（当たり前だ）

C　教材とは材料のことであり、教具とは器具のことである。（ナルホド、デモヨクワカラン）

学年会　五月一七日(金)
授業参観日、教科予定について。（一組算数、二組算数、三組国語、四組国語）
学年通信で「参観者は授業前に入室すること」についてふれる。
今日の話題。授業の様子。生活指導の様子。

参観　五月二九日(水)
第一校時、算数。校長、参観に来る。

家庭訪問週間　六月三日(月)〜六月七日(金)
一、時間に正確に

二、時間の長さに偏りがないように

PTA学年委員会　六月一一日(火)

一、日曜参観日の案内

二、学年学習会テーマ「子供の読書」

職員会議　六月一二日(水)

一、校長の話

二、日曜参観について

三、家庭訪問の反省

学年会　六月一四日(金)

一、懇談会での担任挨拶の打ち合わせ。一〇分程度の話。(三年生の特性、自分の学級の指導方針、学校・学年の目標、授業を通しての三年の学習、家庭教育のあり方)

二、プール七月一日より。陽転者は赤帽、入水時間半分。

視聴覚研究授業　六月一九日（水）（五校時）五年二組　社会科

研究協議会（司会Y先生、記録T先生）

一、挨拶と講師紹介　石川正三郎校長　　四、質疑応答
二、挨拶　　　　　　N・M先生　　　　五、まとめ　　　　　N・M先生
三、自評　　　　　　S先生　　　　　　六、終わりの挨拶　　教頭

この当時の記録を読み返してみると、現在とちがうことがある。

昔は、「ことのなりゆき」を書いてあるだけである。しかし、今はちがう。そんな、もったいない時間の使い方はしない。その会議の時の自分の考え、判断、あるいは思いつきを書き加えておく。

こうすると、次の時に大変に役に立つ。つまらない会議でも意味のあるものになってくる。「なぜこの会議はつまらないのか。提案者の話し方がわるいからだ。では提案者はどのような話し方をすればいいのか。提案者は、肯定形か否定形の提案をしなくてはならない。『〜をする』『〜をやめる』これなら、会議の焦点がはっきりする。それを『どうしましょうか』などと、問うからいけないのだ。原則として疑問形の提案は、会議ではとりあげるべきで

はない」というようなことを書いておくわけである。そして、これが後年、「会議の提案の原則」などにまとまっていく。

私は、多くの原稿を書いてきた。では、私はいつ主張することを思いつくのか。本を読んで、何か調べている時か？　それもある。しかし、そんなことは少ない。多くは、学校の会議の最中なのである。

私は、教師になってこのかた、会議中の内職をしたことはない。一回の職員会議に支払われる人件費を考えると大変なものである。おそらく、職員会議のように教師を二、三〇人集めて、企画会議をもてば、百万円以上の金はかかるであろう（こういう発想も大切なのだ）。そんな場なのに、試験の点数をつけている人がいる。

その人は、「会議がつまらない、時間がもったいない」からと思って、テストの点をつけているのだろう。職員会議中に、片手間でつけるような採点は、単純作業である。一時間やったとして、時給千円相当にもならないであろう。百万円からの会議をさぼって、千円の単純作業しているなど、私にはとうてい考えられない。費用対効果が、分かっていないのである。計算ができないのである。

どんなにつまらない、くだらない会議であっても、学ぶことはあり、利用する方法はある。

本人の気持ち次第なのだ。私たち教師はやはり知的集団なのである。少なくとも「知的集団」であるように努めるべきだ。「単純作業」で、日々の仕事を消化してはならないのである。

3　学年通信「あすなろ」

四月八日に、第二回の学年会が開かれた。まず、学年の仕事の分担を決めた。担当教科を四人の教師で分担した。担当教科の教材用具の準備、連絡調整などをすることになる。いずれ運動会委員会などがもたれる時は、体育を担当する人が出席する。

私は、社会科と道徳を担当することになった。道徳を担当することになって困ったが、道徳のテレビを見て、副読本を読んで授業にするらしいので、仕事はあまりないらしい。他に会計・渉外・学年通信・書記のうちから書記ということになった。何をするのかよく分からない。学年会、研究会の記録などをすればいいらしい。

遠足のこと、学級経営案の書き方などが話題に出た。

学年通信は二週間に一回発行することになった。第一回担当になったM先生は、次の日さっそく第一号を発行した。その早さに私はびっくりした。しかも、学年会でほんのちょっと話題にしたことが、しっかりと文面に出てくるのである。使用するノートの形式、PTA総会のことなどである。おまけに、行事予定までが書いてあった。これは、職員全体に配られる行事予定表から関係のあるところを転記するらしい。

私も、教師になって最初のプリント、学年通信をすぐ書くことになった。しかし、残念ながら、それは手もとに残っていない。当時、私が書いた学年通信なら残っているので、それを紹介する。

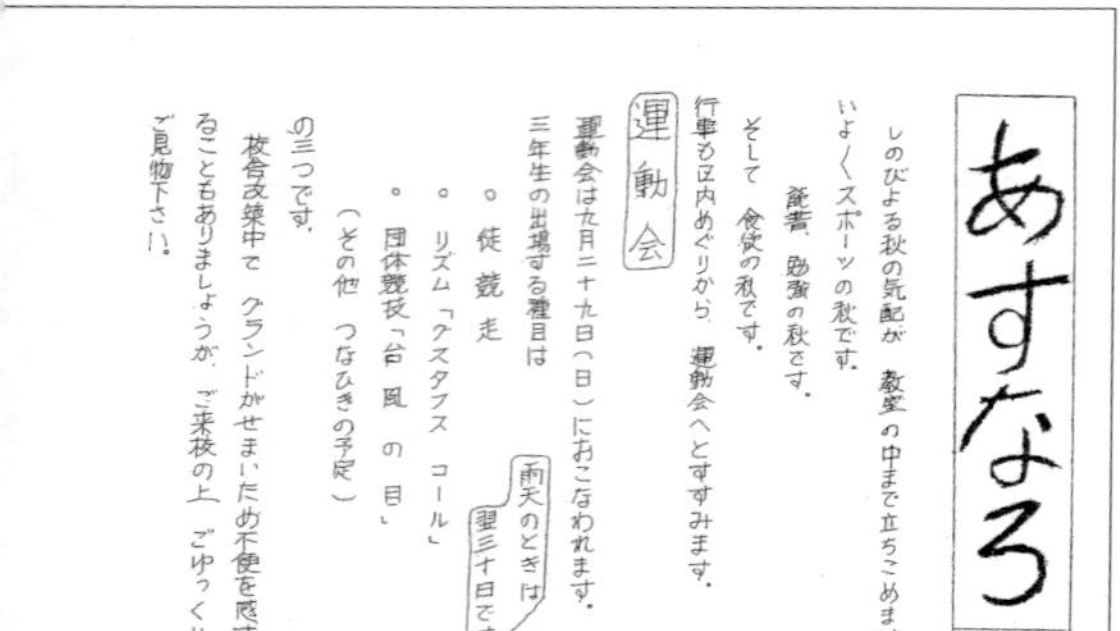

あすなろ

第10号
7月16日
〜
7月30日

大四
第三学年発行

しのびよる秋の気配が　教室の中まで立ちこめます。
いよいよスポーツの秋です。
読書、勉強の秋です。
そして　食欲の秋です。
行事も区内めぐりから　運動会へとすすみます。

運動会

運動会は九月二十九日(日)におこなわれます。　雨天のときは翌三十日です。

三年生の出場する種目は
○徒競走
○リズム「グスタフス　コール」
○団体競技「台風の目」
（その他　つなひきの予定）

の三つです。

校舎改築中で　グランドがせまいため不便を感ずることもありましょうが、ご来校の上　ごゆっくりご見物下さい。

香港かぜ

香港かぜがもういをふるうことが予想されています。すでに都内の小学校で学級閉鎖になったところが出ています。

ワクチンは生産がおいつかず　11月中旬ごろになるとのことです。

よくねさせること　えいようをつけること　うがいをすることなどを注意しましょう。

かぜをひいたときはあまりむりなどさせないようにして下さい

交通安全

過日の学年委員会でも交通安全のことが話されました。ＰＴＡの会長さん　校長先生もとくに出席され訴えられました。

学校の行きかえりには必ず通学路を通ること。大人といるときの方が　交通規則を守らないように見えるから大人が特に注意することなどが話されました。

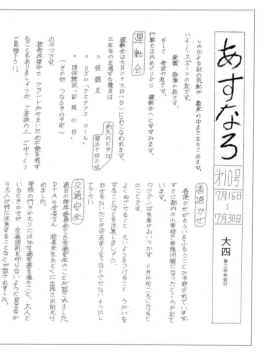

注意 運動会練習のため七月十六日から毎日体育があります。体育の服装 ハチマキ 帽子などを忘れないようにして下さい。

学習 学級によって多少のちがいはあります。

こくご ◦わたしのすきな動物
◦作ったこと、しらべたこと
◦待ちぼうけ　◦五色のしか

しゃかい ◦大田区のこうつう

さんすう ◦かけざんとわりざん
◦直線でできているかたち

りか ◦花やみのしる
◦秋の学級園

ずこう ◦紙ひもをつかって　◦ねん土のたて物

おんがく ◦ブンブンブン　◦ドレミのうた

たいいく ◦うんどうかいのれんしゅう

必要な学習用具
三角じょうぎ（さんすう）
紙ひも、ねん土（ずこう）
ハチマキ　帽子（たいいく）
花（アサガオなど）（りか

短縮授業終る。

九月十六日から短縮授業は終り、平常授業にもどります。時間わりは一学期の通りです。

行事 九月後半

十四日　PTA運動日
十五日　敬老の日（向山先生誕生日　25才）
十八日　体重測定
二十一　二十五　二十七、PTA運動日
（運動会のフォークダンス）七時より
二十八日　前日準備
二十九日　運動会
三十日　代休
一日　都民の日（休み）

漢字

漢字の数も、多くなってきました。覚えたつもりでもまだ忘れています。
毎日 すこしづつでもれんしゅうするようにさせて下さい。

実に平凡な学年通信だった。

どこにでもあるありふれた内容である。

私の学年通信が少しは変化するのは新卒三年目、もちあがりの五年生担任の時からだった。

学級通信を発行するのは、新卒五年目である。

その時、私は「読みものとしての学級通信」というそれまでの教育界にはほとんどなかった学級通信を作り出す。これが、私の著書になっていくのである。

第3章

新卒日記を書く

教師になって一カ月目くらいから、四百字詰原稿用紙に「新卒日記」を書き出した。なぜ書き始めたのか、動機はよく分からない。いつか自分も実践記録を書くようになろう、そのためにせめて、日々の記録を綴っておこう――そんなような気もする。私だって教師になったからには、生涯にせめて一冊の本は残しておきたいと思っていたのだった。

一冊の本を書く――ということは私には雲の行方より遠い目標だった。一冊も残さずに教育界から去っていく……ことの方がずっと確率は高いと思っていた。

私はひどくものぐさで怠惰な人間だから、「新卒日記」も長続きはしなかった。が、ここで何編か紹介する。

1　知的障害のある子の手紙〈極微の成長のために手をかけていくことの大切さ〉

六月二一日(金)

知能指数二七のA子がいる。どのように教育したらいいのか、新米教師たる私には、まったく見当がつかない。おまけにこの子は、一年二年と途中で担任が変わったり、担任空白の時があったりして系統的な教育を受けていない。

どうしたらいいか分からないから、はじめはほうっておいた。ほうっておいたがいつも目につく。気になる。他の子供たちはA子を全く相手にしない。馬鹿にしている態度がストレートに表現される。

「何でそんなことを言うんだ!」と私はどなる。どなった後で、虚しさを感じる。

何の解決にもなっていない。

説教なら誰でもできる。教師としての私が、この問題から逃げているところに根本の原因がある。どなったところで、本質的な解決にはならない。でも、やっぱり馬鹿にされているのを見るとどなる。何も問題は解決しない。

そのころ、田村一二著作集を読んだ。精神遅滞児童指導の実践記録である。知的で、感動的だ。

教育における「極微の成長」の存在を私は初めて知った。「アー」という一つの言葉を獲得させるのに一年もかかる教育もあった。それを知って、真剣に私のクラスのことを考えた。平凡な結論が出た。できるだけいつもかまってやる、手をかけてやるということである。

校庭で手つなぎ鬼をする。私はA子をつかまえる。ニコニコして手をつなぐ。他の子も私と手をつなぎたいらしい。私は他の子を、私とA子の間に入れる。その子は片方で私と手をつなぎ、もう一方でA子と手をつなぐ。こうして、クラスのみんなは、遊びの中でその子と手をつないだ。

ところがA子はいつのまにか、自分からつかまえられに来るようになった。これではゲームにならない。しかし、一つの変化だ。自分から、私のところへ来るようになったのである。

そして二〇分休み、昼休みに職員室に入ってくるようになった。またまた一つの変化である。

私のそばまで来て、友人のことをいいつける。

「先生、○○ちゃんが、いじわるするんですよ」「そうか、わかったよ」私は頭をなでてやる。A子はうれしそうにニコニコして帰っていく。心からうれしそうなのだ。

こうやって、A子は毎日職員室に来るようになった。ちかごろは、授業中まで私のそばにやってくる。

「先生、お水のみにいっていいですか」

「先生、トイレにいっていいですか」

A子は、私のそばにくるのが目的なのである。私はA子のことを、子供たちの前で、もう少しはっきりさせようと思った。

しかし、言い方がむずかしい。本当のことは言えないが、真実を言わなくてはならない。

「A子ちゃんは赤ちゃんの時病気をしたのです。そして、ずっと寝たきりだったんです。だから、みんなよりすこしだけ、分からないこと、できないことがあるんです。みんなで、A子さんのこと助けてあげようね」

担任の態度がはっきりとしたことは、すぐ子供たちにも反映した。

「馬鹿だ」と言っていた子供が、ピタリと言わなくなった。それのみか、親切になった。もちろん、教師の目を意識したごまかしもあるだろう。A子に対するあわれみなのかもしれない。

しかし、それが真実であるなら、ここから出発するしかない。教育とは時間がかかるものなのだ。多くの出来事が生じるだろう。それを通して、A子も他の子もそして私も試されていく。

〈A子の基礎学力〉
⑴数は一七まで数えられる。⑵かけ算は四の段まで言える。⑶平仮名は全部書ける。
テストはできない。かけ算を唱えることができても2×2=の解答は書けない。
会話はふつうにできる。

昨日A子が絵を描いていた。「じょうずだね、先生にくれないか」といったらうれしそうにくれた。そして今日、二枚の絵を描いて持ってきた。

この子は、私のために絵を描き、手紙を書いたのである。（注・私はふるえる思いで手にしたこの時の手紙を、今も保有している）

しかも、明日もあさってても書いてくれるというのである。これが乾杯せずにいられようか。この絵を見ながら、夜、ビールを飲んだ。

変化は、他でも見られた。

今まで、走り幅跳びができなかった。助走をしてふみ切りになると、両足をそろえて一呼吸おき、それから跳ぶのである。何度教えても、片足で跳ぶことができなかった。ふつうに跳べなかったのである。（いや、A子には、片足で跳ぶのは、ふつうではないみた

いである）

昨日、初めてふつうに跳べた。子供たちは、大歓声である。拍手、拍手であった。でも、私が熱心な教師だと思われるのはつらい。このくらい誰でもやるだろう。私はやはりぶしょうな人間なのだ。いつでも「なりゆきまかせ」という面がある。

これでいいのかと思う。そして、しかたがないとあきらめる。

（注・私は新卒の時に知的障害の子の走り幅跳びの状態を描写している。この子は助走してきて、いったんとまるのである。これが、どれほど重要なのか理解するのは十数年後、向山式跳び箱指導法を公開した後である。私はそれを見ていたが、それが何を意味するのか分からなかった。「あれども見えず」であった）

2　写生大会特選への文句〈二枚の紙切れから大問題へ〉

六月二二日(土)

児童集会の時である。

「それでは、先日の校内写生大会の発表を行います。

特選三年四組、K・Yさん(ワァーと歓声)

特選三年四組、S・Aさん(ワァーと歓声)」

特選三名のうち二名が三年四組であった。担任の私は当然うれしい。私の指導力でないのはあきらかだが、でも、本心は「どうだ、私はすごいだろう」と思ってみたい。私の指導の結果だと錯覚したい。

さて、教室ではどうなっているかと思いながら戸を開く。「おはようございます」をして、写生大会の話となった。子供たちは「すごい」と言う。ところが、一発野次が入った。

「なんでえ、あんなの、一円もしない、ただの紙じゃねえか?」K・T君である。

一瞬シーンとなったが、迫力ある声が返された。

「そんなことといったって、特選なんだもの、すごいじゃないの」T・Hさんである。

とたんに教室が二つに割れた。

男対女に分裂した。女の子二人が特選に入ったのが、何ともがまんできないらしい。男はもっぱら、賞状をけなす。内容ではなく「紙が安っぽい」というようにけなすのである。

私も割って入った。ガラのわるい調子で言う。

「賞状は安いかもしれねえが、絵が良かったんだから立派じゃねえか。そういう時は、男らしく喜んでやるものだ」

よく考えてみると、なにが「男らしい」のかよく分からない。まあ「いさぎよくしろ」ということを言いたかったのである。K・T君は私に矛先を向ける。

「じゃあ先生、女の人で総理大臣になった人いますか?」

話は突然飛躍した。今までは、東京の片隅の小学校の写生大会の賞状が、いかに安ものであるかがテーマだった。それが今度は「総理大臣」がテーマになったのである。子供のけんかは子供にまかせればよい。女の子が切り返した。

「インドは、女の人が総理大臣よ」

話は実に発展する。男がえらいか、女がえらいかでカンカンガクガク。私は静かに、しかし熱っぽく語り始める。

昔は身分の差別があったこと、男の人が女の人を犠牲にしていたこと……。ところどころで女の子がワァーとどよめく。男の子は、分かったような分からないような顔をしている。かまうものか、私は話をおしつけ気味に続ける。私は、どうも子供と同じ次元に立ってしまう。

本人はいけないことだと自覚している。気のきいた同僚も忠告してくれる。しかし、しようがない。最後に、男の子のいいところ、女の子のいいところをしゃべる。男の子も女の子もニコニコしてうなずいている。それにしても、二枚の紙切れが、賞状の経済的価値、総理大臣、男女の身分差別のような大問題を持ち込むとは……。

3　ドキッ・ビックリ

六月二五日(火)

いつもおとなしいH君が、私のところにやってきた。掃除時間のことである。

「先生、へんなことを聞くけど、大人になるとみんな、わきの下にひげがはえるの」

「ああ、そうだよ。わきの下にひげがはえると、大人になりましたという証拠だよ。H君も大人になったらはえてくるんだぞ」

私はすぐに、返事をした。でも、聞かれた瞬間はドキッとして、どぎまぎした。

六月二八日(金)

誰かが黒板に「向山先生のはなよめさんコンクール」と書いた。たくさんの子供が黒板に殺到した。はみ出した子は順番待ちである。花嫁姿は、洋服であったり和服であったり、黒板にびっしり描かれた。

私は、ちょっぴり子供たちのあこがれの対象になったらしい。

すばらしい花嫁さんが、一〇人も二〇人も誕生した。描いている子供たちの姿がとても楽しそうだった。
だから私はそのまま、そっと続けさせた。

4　身体の落ち着かない子

七月一日(月)

どうもがまんできなかった。一人の男の子が、落ち着いてすわってないのである。身体がちょこちょこと動く。私は大声を出した。

「O君！　なんでそんなにそわそわするんだ。もっとちゃんとやりなさい」

激した私はさらに続けた。

「そんなに勉強をしたくないのなら、帰りなさい。さあ、帰りなさい」

もっと優しく言わなければいけないなと思いながら、口からはタンカが飛び出していく。O君は、泣き出してしまった。

「なんで、そんなに落ち着かないのか言ってみなさい」O君は泣きじゃくりながら言った。

「だって、飛行機がうるさくて気がへんになっちゃうんだもの」

ガ――ン。

学校の近くに羽田飛行場がある。七〇秒に一機の割で離着陸する。そのため、校舎は完全防音造りになっている。しかし、今は夏だ。二重窓を閉め切ってしまえば、人間がムシャキになってしまう。窓を全開してある。外の騒音がとび込んできていた。しかし、ものすごい音は、二〇分に一回ぐらいだったのである。

O君の言うことは、その場のがれの言い訳かもしれない。思いついたことを口にしただけかもしれない。この意見をねじふせようと思ったら簡単だ。

「他のみんなは、静かにできているのだ」と言い返せばいい。

でも、O君にとっては、飛行機の音は気になる音なのかもしれない。この子だけにはちがうのかもしれない。信じることだ。それが教師なのだ。

「そうか、それは先生が悪かった。ごめんなさい。でも、少しずつちゃんとしような」

私はO君にあやまった。

5　大地震

七月二日(火)

昨夜、かなりの大地震があった。朝の会では、すぐに話題となった。

「先生、昨日の地震はすごかったね」

私は全員に聞いた。

「みんな、昨日の地震、知ってますか」

「ハァーイ」と、全員の手が挙がる。

「みんなのうちのようすはどうでしたか」

次々と手が挙がる。

「あのね、テレビの上のね、お人形がね、みんな落ちちゃったんだよ」

「お母さんと私ね、外にとび出してお父さんにどなられたんだよ。外へ出るとかえってあぶないんだって」

「ぼく、押入れにとびのっちゃった」

「私の家では、お父さんだけお酒をのんで平気ですわっていたよ」

「柱時計が七時四五分で止まっちゃった」

次から次へと子供たちはしゃべった。すごい驚きの経験だったのだろう。

私は、ここで「地震」のことにちょっとふれた。

「柱時計が止まるくらいの地震の大きさを、震度4といいます。先生も生まれてから初めての経験です。ところで、学校にいる時、地震がきたらどうしますか」

「机の下へかくれます」

「そうですね。それじゃあ練習してみましょう。まだ、まだ。入った人はもう一度席につきなさい。そらきた！　グラグラグラ」

子供たちは一斉に机の下にかくれた。いや、一人だけ椅子にこしかけたままの子がいる。

K・T君だ、平然としている。

「みんな、とっても上手だよ。でも一人だけK・T君が大けがをしました。先生のいうことをきかなかったからです。それではもう一度やります。そらきた、グラグラグラ」

今度も子供たちが机の下に入るまでの時間はわずかに三秒であった。

K・T君は、教室のうしろの掃除道具入れのボックスをあけ、その中に身体を押しこんだ。

こいつ、味なことをやる。

6　テルテル坊主〈珍妙な儀式に効果あり？〉

七月三日（水）

「先生、今日プールに入りますか」

朝、教室に入るなり突然、子供たちに聞かれた。

今日から三年生のプールが始まる。しかし、あいにく朝から小雨が降っている。昨日も雨のため「区内めぐり」が延期となり、今日また雨のため「プール」がだめになりそうなのである。梅雨がまだ明けていないのだ。

「天気になったらプールに入るよ」と私が言うと、子供たちはごそごそ何かをやり始めた。テルテル坊主を作り出したのである。みるみるうちに広がって、三五人全員が作りあげてしまった。私は、三五のテルテル坊主を棒にぶら下げた。それを窓の外に出した。

「では、お天気の神様にお願いしよう」おごそかに私は言った。

しかし、これだけでは、形にならない。セレモニーには、ふさわしい衣装が必要だ。教室の中から、物品を見つくろった。カスタネットを入れてある、派手派手しい緑の布袋を頭にかぶった。少々、恥ずかしい。ギンギラの鈴を手首に通した。両手ともである。

かなり、恥ずかしい。

「さあ、どいた、どいた。お天気の神様のおいのりだ」

私は、ゆっくり、重々しく言った。態度、ふるまいも神妙にやる。照れくさくて、今にも笑い出しそうだ。

子供たちと、テルテル坊主を歌い出した。

〽テルテル坊主　テル坊主
いますぐ天気にしておくれ

この時、五年二組の子供が教室の戸をあけた。用事でやってきたのだが、この光景を見て一瞬キョトンとして、すぐ笑い出した。私はその子たちも、一緒に仲間入りさせた。三年生も盛大な拍手である。

お祈りのききめは見られず、三時間目まで雨は降ったままだった。三年生のプールは中止である。皮肉なことに、四時間目の半ばで晴れ出した。

「先生、さっき、あした天気にしておくれって歌った人がいるんだ。それがいけないんだよ。いますぐ天気にしておくれって歌わなくちゃいけなかったんだ。だから、今ごろ晴れちゃうんだよ」

でも、この珍妙な儀式の声が届いたのは幸せだった。多少なりとも、天の神様からお達しがあって晴れてきたからである。

「明日は、絶対にプールに入れるよ。無駄じゃなかったんだ」

子供たちは、それでも、晴れてきたことにほっとしたようだった。

7 班学習の場所〈責任の矛先を自分自身へ〉

七月九日（火）

子供がプンプンに怒って私のところにやってきた。「先生、E君ね、昨日、班学習でE君の家の番だったの。それなのに、グルグル私たちをひっぱりまわして、家へ連れていかなかったんだよ」「それで、班学習ができなかったの」Oさんがこう言ってきた。

私はE君をよんで事情を聞いた。E君はべそをかいていた。

「家がせまいの……」と、ポツリと言った。

私はどうかしている。何て鈍感なんだ。どうしてこんなことさえ気が付かないのか。いい気になった教室での授業、ちょっと子供に好かれているという思いあがり、多少むずかしい言葉を使った教育の主張、こんなことが、私の教室の子供をだめにしている。

私はいったいどこを見ているのだ。

何を考えているのだ。

子供たちだけに目を向けるのだ。教室の事実こそに目を配るのだ。

それも、深く、広く。

子供たちの事実を支える裏の出来事まで目を配るのだ。

子供がいなくては教育はない――これこそが平凡な真実なのだ。たとえ、教科書がなくても、黒板がなくても、教室がなくても、教育はできる。しかし、子供がいないところに教育はない。子供をしっかりと見ている教室でなければ、本当の教育はない。見せかけだけの情熱、ちょっとした理論家気どり、そんな自分をたたきたたき、たたくのでなければ、「京浜教育」は創ることはできない。

今日泣いたE君の涙を、どこで誰が受け止めるのだ。幼い三年生の男の子の深い悲しみを、誰がどうしてやるのだ。すべての責任追及の矛先を、まず自分自身に向けろ！

8　宇宙の話〈子供の奥底をゆるがす仕事〉

六月二六日(水)

理科の時間に突然「質問」の声がして、手が挙がった。「先生、宇宙って無限なんでしょ」とっぴょうしもない質問だった。だけど、私はすぐ反応した。宇宙が果てしないということは、子供たち誰でも考える疑問なのだ。

「みんな太陽って知っているでしょ」

私は、黒板に赤のチョークで太陽を書いた。

「太陽はここにあって、水星がこの近くをまわっているんだよ。その外側が金星。第三番目が地球なんだ。太陽系第三惑星ともいう。そして、火星、木星、土星……みんなぐるぐるまわっているんだ。太陽が親分で、そのまわりは、みんな子分なんだ」

子供たちはシーンとして聞いていた。突如また質問が出た。

「先生、質問！　月曜日と日曜日がありません」

「ん。何だ」

この子は惑星の名前をじっと見つめて、七曜の中から、月曜日と日曜日がないことを探したのである。他の子がすぐに反応した。

「月曜日には、お月さまがあります」

私は説明を加えた。

「太陽の三番目の子分が地球で、その地球の子分にお月さまがあります。月は、地球のまわりをぐるぐるまわっています」

子供たちは、感心したように黒板を見ている。しばらく沈黙があった。

「アッ！　先生！」

女の子が手を挙げた。

「日曜日がありました。三年生の国語の教科書で、お日様が出てきました。お日様は太陽のことです。だから、太陽が日曜日だと思います」

なるほど——と、私の方が感心してしまった。

私はもう少し、話を続けることにした。

「みんな、アンドロメダ大星雲って知っているかい」「知りません」

私は、おごそかに話し始めた。

「太陽親分と水・金・地……子分をひっくるめて、太陽系宇宙といいます。これ全部で一つの宇宙です。この太陽系みたいな宇宙が他にもあって……」

私は黒板に1を書いて0を連続して書いていった。ゼロを一一連続させた「全部で一〇〇〇億です。太陽系みたいなのが一〇〇〇億集まって大きな宇宙をつくっています。これを銀河系宇宙といいます」私は黒板に、レンズ状の宇宙を書いた。子供たちはシーンとして聞いている。くい入るように聞いている。

「太陽系は、銀河系のはじの方にあります。村はずれぐらいになります。夜、空を見ると、銀河系宇宙のたくさんの星が見えます。川のように見えます。天の川が銀河系宇宙です。銀河ともいいます」

もうすぐ七夕である。子供たちは、少し身近に感じたらしい。瞳がキラキラしている。

子供の眼は、銀河系宇宙へとんでいる。

「このような銀河系宇宙のような大宇宙が、このくらいあります」と言って、1を書き、またゼロを書いた。ゼロをゆっくりふやしていった。全部で一一個。

「こんな大きなのが、一〇〇〇億もあるんです」

「へーえ」とため息が聞こえる。カルチャーショックに遭っているようだ。

「その中で、一番近いところにあるのが、アンドロメダ大星雲なのです」

「光の速さでとんでいって、一〇〇万年近くかかるといわれてます」

「光の速さは、あっという間に地球を七周半するんだよ」

子供たちは呆然としていた。教室はシーンとしていた。

教師という仕事はすばらしいなあと、私は実感した。子供の奥底までゆるがす知的な仕事だからである。


以上すべて、新卒時代の日記である。

「教師の仕事は、子供の奥底までゆるがす知的な仕事である」と、新卒の私は書いていた。この考えは、今日も変わらない。教師が学び続けることによってこそ、その「知的な仕事」をやっていけるのである。「学ばない教師」は、それを平凡なくり返しや、強引な腕力による支配の仕事に堕落させてしまうのだ。

第4章

書かせて育てる

1　子供に日記を書かせる

新卒教師の時、子供たちに日記を書かせていたのかどうか定かでない。こうした日常的なことが、風化しやすい。

毎日やっていたことだから、記憶に残ると思うのだが、そうではない。誰でも年をとる。新卒が中堅、中堅がベテランになっていく。数多くの教え子をもち、いくつかの学校を経験していく。そのうちに、日常的なことが風化していくのである。

ただ、今、手元に一冊の日記がある。九月二日から一〇月一日までの日記である。そのうち三分の二は「書きませんでした」という日記である。筆者は、K・Yさん、印象的な女の子だった。小柄で生意気なことを言うかわいらしいマセガキであった。

9月3日

きょうは朝からついてなかったようで、おきれば、かあさんに、「オルガンのれんしゅうをして、それからべんきょうをして、あ、そのまえに、おかあさんのかた、もんでちょうだい。」と、いわれたから、かたを、10分ぐらいもんだから、すこしぐらい、おこずかいを、くれてもいいと、思っていたら、なんにもくれず、さっさと、どこかへいってしまった。学校へいくとき、「かえってきたら、上野の、びじゅつかんへ、いきましょうね。」といったのもすっぽかされてしまった。

9月13日

せんせいに、どっさりと、しゅくだいを、だされた。きょうのうちに、やっておこうと、おもったがぜんぜんてをつけられなかった。というよりも、あそびすぎて、もうねむいのでねることにする。でも20ページとは、だしすぎだと、思う。

《うそ》20ページというのは、なつやすみ中の、しゅくだいを、まだやってないから。それと、せんせいがだした、しゅくだいを、まぜて20ページ。

私はどっさり宿題を出したわけではない。九月一三日にもなってまだ「夏休みの宿題」を提出しない子供に、早く出すよう迫っていたのである。この子が提出したのは一〇月二日であった。若き向山の未熟さと執拗さを物語る記録である。

2　詩集『もりがさきの子ら』を印刷する

国語の時間に詩を書かせた。

綴方教育の影響を私は受けていた。北方性教育運動は、私の尊敬の的だったし、『村山俊太郎著作集』（百合出版）は、私の愛読書だった。

子供の生活のこと、身近なことを詩に書かせた。

できたら私の机のところにもってこさせた。

一人一人に書き方の注意を与えた。その時の私の指示は、たとえば次のようだった。


その一……「ある瞬間だけを書くこと」

その二……「ある場面だけを切りとること」

その三……「オヤ、ナニ、スゴイ、クソ、ソウカと思ったことを書くこと」

その四……「自分だけの言い方をくふうすること」

その五……「できるだけ短く言ってみること」

そんなことを一人一人に注意した。

子供たちは次々に書いて、私に見せにきた。よい作品には、マルをつけてやった。するとまたまたいっぱい作ってきた。こうして、たまった作品の中から一つだけ選んで全員の分を印刷した。これが『もりがさきの子ら』である。この中から一一作品を紹介する。子供の名前は仮名である。

① ふじさん　　あおた　やすのり

おかだくんにろうかであった、
ぼくは、「おかだ」とよんだ。
おかだは「ふじさんが見えるぞ。」
　と、さけんだ。

そとにでようとすると、
いとうさんと、さとうちいちゃんにあった。
「ふじさんが見える。」といったら
いとうさんたちが、かけあがった。

②　ドッジ・ボール　あべ　ひろまさ

このまえ、
ぼくは、
スポーツ大会で、
ドッジボールをした。
ボールは、
めのまわるように、
人から人へ、
わたっていく。
ボールに、にげる人。
ボールに、むかっていく人。
ぼくは、
ボールにむかっていく人に、
なりたい。

③　北　風　たなべ　はるやす

北風がふいた。
みんなが、さむいといって
ようふくの上にようふくをきた。
でも、北風がふいたのに
ようふくの上にようふくをきない人もいた。
よくみてたら、
おなかにはらまきをしていた。
ぼくもからだがつめたくなったので、
家にかえって、
ようふくの上にようふくをきた。

④　雨のふる日　　ながい　こうじ

雨がふる。
そとはさむい。
雨でとおくの方は
　すこししか見えない。
二かいのまどはほとんどしめきってある。
ぼくのうちもしめてあるかなあ。
ちょっとときりが出ている。
　　雨のふる日はいやだ。
　　そとであそべないし、
　　たいいくもできない。
学校のまどからくびを出してもさむい。

⑤　「おふろ」　　もり　しんいち

おかあさんが、8時ごろおふろにはいると、
おふろから「ザ・ザー」というおとが
きこえてきて、ぼくはびっくりした。
ぼくが
「よくおゆがこぼれるね」
　といったら、
おかあさんが
「そうなのよ。でぶだから」
　といった。
ぼくは「ふん」といって
　またテレビをみた。

⑥　ベッド　　　　すずき　まさき

ぼくは、ベッドをかってもらった。
ちょっとゆらゆらするけど
とてもじょうぶだ。
とてもぼくにはもったいないぐらいだ。
ベッドは二かいだてだ。
ぼくは二かいで、おとうとが下だ。
上と下では上のほうがくらい。
上のほうが三ばいくらいくらい。
だからいつもよりはやくねむれると
　思ったけれど、おとうとのほうが
　　はやくねむってしまった。
ぼくは、9時半ごろになってねた。

⑦　おくじょうから見たら
　　　　　　　　　かとう　ひとみ

おくじょうから、いえを見た。
いえがぎっしりならんでいる。
大きいいえ、小さいいえ
きれいないえ、すこしきたないいえ
いろいろある。
　　いえをつくっている所も見えた。
　わたしのいえのそばには、
　　雨のもるいえもある。
でもみんないいいえだ。
きたなくてもいいいえだ。

⑧　ふ　ゆ　　　　ごとう　ふじこ

去年、
　ともだちとかまくらをつくった。
手がとてもさむくてなきそうになった。
こうりもはっていて、とてもあつかった。
つららは、ながかった。
つららをとろうとしたら、とれなかった。
わたしは、手がつめたくてないてかえった。
おかあさんが、
「うちでこたつにはいってなさい。」
　　　　といった。

⑨　じぶんのかお　　　　さとう　みえ

わたしのかお、
自分ではいいかおだと思っている。
でも、みんなはゴリパンという、
先生はボーイッシュという、
おかあさんや、おとうさんは
　かわいいといってくれる。
でも、
　ほんとうは、どっちなんだろう。

⑩　もくそう　　　　さとう　ちずこ

もくそうしているとき
わたしのおなかが、グーといった。
わたしは、うちのことをかんがえた。
うちでは、おかあさんとおとうさんが、
ひるごはんをたべているだろう
きょうのきゅうしょくはなんだろう
チーズがでたらいいな――
みかんがでたらいいな――

⑪　日よう日の星　　やまかわ　かずみ

きのうのよる
わたしはそらを見た。
そらを見たら
星がでていた。
ピカピカ光っていて
とてもきれいだった。
わたしの手を
そらにのばしたら
わたしの手にとびこんでくるみたいだった。
あの星が。

最後の詩はどこにポイントがあるかといえば、題である。日よう日がきいている。

公害の町だから、星は日よう日に見えるのである。

どの作品も具体性があってよい作品と思うが、面白味にやや欠けている。

3　学芸会の脚本を作る

（1）学年の話し合い

学芸会は三学期にあった。

一一月の学年会で、学芸会参加の劇について話し合った。新卒が二名、三年目が一名、四〇歳の学年主任で構成されていたから、出る意見はいつもラジカルであった。というより、かなりの程度で熱気はあるのであるが、かなりの程度でいいかげんであった。「いいかげん」というのは、五〇年近く経っている現在の感想で、当時はまじめであった。「若気の至り」は誰でもあって、「若気の至り」のない人間は面白くない。教育も同じである。若い教師は「若気の至り」がいっぱいある教育をした方が、好感をもてる。

この時、どういいかげんであったかというと、「できあいの脚本」「本に印刷されている脚本」はやめようということになった。「できあいの脚本」を使うのを潔しとしなかった。そんなのを使うのは、手抜き仕事のように思った。それに、パラパラ見たところ、たいした脚本もないと思い込んでしまった。

どうして、そう思ったかというと、そこが「若気の至り」なのである。十分な根拠は何もない。ただ、そう感じ、そう思ったのである。論理の世界ではなく、フィーリングの世界なのである。

そこで、何をテーマにしようかということになった。SF、お伽噺、時代劇、いろいろ出たが、結局、子供たちの毎日の生活にかかわりのあることにしようということになった。このあたりは大変真面目で、いいかげんな割には、バランス感覚があった。

子供の毎日の生活といっても、いろいろある。テスト、宿題、遊び、ケンカ、野球、テレビ、子供をとりまくものは多い。教師、友人、父、母、兄弟、隣人、子供をとりまく人間も多い。これを、全部やったら、つまり毎日の生活を演ずることになって、劇ではなくなってしまう。テーマは絞り込まなければならない。

とりまく人間の方がすぐ絞り込めた。対象を父親と母親にしよう。子供から見た父親、母親を演じさせてみよう。何か見えてくる点があるかもしれない。教師を演じさせてもいいが、ここは、父親、母親に限る――ということになった。

それなら内容は決まっている。「訴える」ことが中心になる。だけど「うちのお父さん、こんなに優しい」「うちの母ちゃん、こんなにすてき」というのを作ったって、面白くもなんともない。「訴える」ことではあっても、そこは劇らしく、少しはひねってみようということになった。

ここに、昭和四三年度、大森第四小学校学芸会に参加する第三学年の脚本のねらいが決まったのである。

(2) 子供たちの話し合い

翌日、各クラスで子供たちにきり出した。

「家に帰ってから、お父さんやお母さんといろいろなことがあるでしょう。お父さんが、おみやげ買ってきてくれることあるでしょう。お母さんが、とっても優しいことあるでしょう。病気をした時なんか、とっても優しいでしょう」

子供たちは、いいことを次々に言った。

「反対に、いやだなあと思うこともあるでしょう」

「ありまーす」と子供たちは答える。

「そう、どんなことがあるか教えて」

「妹とケンカをすると、妹ばかりかばいます」

「お父さん、お酒ばかり飲んでます」

「勉強しろ勉強しろと、とってもうるさいんです」

「ずいぶんいっぱいあるんだね。全部の人のお話を聞けないから、この紙に書いてみてください」

私は、子供たちに作文を蓄かせた。

各クラスから、子供たちの作文が集められた。当然「作文」の指導も、意識していた。つまり、脚本を作るのは、作文の指導でもあるということである(なんか、コジッケくさいが)。

子供たちの作文には、様々な「不満」が示されていた。これを、四つに絞った。

「自分だけしかられること」「教育ママのこと」「遊んでくれないお父さんのこと」「夫婦ゲンカのこと」である。

全部で四つの場面ができた。これを、各クラスで一場面ずつ担当することになった。一クラスあたりの持ち時間は四分から五分程度である。台本もそのクラスが作り、配役もそのクラスでやることになった。

私のクラスは「夫婦ゲンカ」を担当した。

私は、子供たちの作文の中から「夫婦ゲンカ」について書いてある作文を取り出した。

作文といったって、すごく短い。

「お父さんと、お母さんがケンカしていやだ」という程度である。中には、一つ二つ、場面が出ているものもある。ささいなことが多い。たとえば「食事の用意」であったり「新聞」のことであったりする。

私は、子供二人をペアにさせ、いろいろな夫婦ゲンカをやらせてみた。これは、なかなか面白かった。思いあたることもあるらしく、爆笑・爆笑である。しかし、喜劇にしてしまってはだめだ。多少、チクリという点がなければドタバタになってしまう。一番みんなが共感した場面を中心にして、それにあれこれ動きをつけていった。こうやって私のクラスの台本は出来上がった。

他のクラスも、それぞれに台本を作った。その一部を紹介する。

第五場「おとうさんおかあさんのけんか」(四組台本)

○とき、夕方　○ところ、下手・道路、上手・家の中

○出る人、おかあさん、おとうさん、兄(淳一)、妹(孝子)、一郎、直光、雅康

(淳一、一郎、直光、雅康、下手より出てくる。学校の帰りらしいようす)

直光　きのう、おとうさんとおかあさん、けんかしちゃったんだよ。
雅康　うちもだよ。ぼくのしけんが一五てんだったら、おとうさんににているとか、おかあさんににているとかいってけんかしちゃったんだ。いやんなっちゃうよ。
一郎　りょうほうに、にているのにきまってるじゃんか。
直光　ぼくのところは、いつもわけのわからないうちにけんかになっちゃうんだ。
一郎　うちはけんかしないよ。なかがいいもん。
みんな　ごーん。
（淳一、しょんぼりしている）
一郎　じゅんちゃん、どうしたの。
淳一　うん、うちは毎日けんかしてるんだ。けんかみてると、ぼく、かなしくなっちゃうんだ。
みんな　フーン、おたがいにくろうするな。
雅康　おや、おそくなったから、早くかえろう。
みんな　それじゃあ、またね。バイバイ。
（淳一、げんかんの戸をあけて家へ入る。妹の孝子があそんでいる。母はアイロンを

かけている）
淳一　ただいま。
（カバンをなげて、本を出す）
母　おかえりなさい。きょうは、ずいぶん早かったのね。
淳一　うん、友だちと話しながらきたから。
母　はい、おやつよ。
（しばらくの間、母はアイロンをかけ、妹はあそび、淳一はべんきょうをしている）
父　ただいま。（つかれたようすで父が帰ってくる）
母　おかえりなさい。ずいぶん早かったのね。
父　うん、きょうは、会ぎがなかったものだから。おい、しんぶんは。
母　自分でさがしなさいよ。（父、あちらこちら新聞をさがす）
父　おい、ないぞ。
母　もっと、よくさがしたら。
父　（また、さがすがない）もういい、めしは。
母　まだよ。あなたの帰りが早いからよ。

父　なに。
母　なにとはなによ。
父　なんだと。（と、父が立ち上がる）
淳一　けんかなんかやめてよ。（と、とめに入る）
母　子どもはひっこんでなさい。
父　おまえがだらしないから、淳一がよわむしなんだ。
母　あなたこそ、あそんでやらないから、いけないのよ。
父　なに。
母　なにさ。
淳一　ねえ、けんかやめてよ。
父　うるさい。だまってろ。（淳一、外へ出てしまう）
父　もっと、家のことをやったらどうだ。
母　あなたこそ、おさけをやめたら。
父　なにを！
母　なにさ。

孝子　ねえ、けんかやめてよ。
　　　お父さんと、お母さんのばか。（と、絶叫して、泣きだす）

（3）学芸会を終えて

演じた時の親たちの反応は大きかった。大好評だった。

ところで、私の最大の発見は、他の学年の子供たちが見た時と、親たちが見た時の反応がちがうということだった。笑う場面がちがうのである。当たり前といえば、当たり前のことであるが、新鮮な発見だった。

私は劇の指導が好きだった。「一つのト書き」を見ると、イメージが次々に出てくるのである。

（淳一、外へ出てしまう）というト書きがある。

なにげないト書きである。が、こういうところに指導のポイントがある。

まず、私は、子供に、三通りほどちがう出方をさせてみた。

プイと出てしまう方法、足をふみつけて出る方法、戸をバタンとしめる方法。これだけでも劇らしくなる。そして、私は次々にちがう演じ方を求め、一〇通りくらいさせてしまう。

このやりとりは、実に面白い。爆笑がわく。

そして、知的である。こうした指導は、他のことでも似通っている。共通する面が多い。

第5章

通知表に悩む

1　所見を書くこと

通知表を書くことは、ずっと苦手であった。

新卒の一学期も終わりに近づいたころである。

通知表をつける時期になった。私には、これが苦痛であった。何が苦痛かというと割り切れないのである。AとBの間に一線を画すことがなかなかできないのである。決断力に欠けているということもできる。

だから私は、通知表を提出するのがいつもおそかった。いつも学校中で、最下位に近い方であった。

もっとも、評価・評定に悩んだというのは、体のいい言い訳であって、本当は仕事にとりかかるのがおそいためであったかもしれない。ものぐさなのである。

いずれにしても、私は通知表を出すのがおそかった。

当時は、通知表の文章は下書きを書いていた。

今の私には信じられないことである。今では、私はどんな文章を書くにも下書きなしで原稿用紙に向かう。この文章もそうである。不思議なことに、筆を走らせていると、次々と書きたいことが浮かんでくる。着想がチカチカと頭を刺激する。したがって私の文章は、そのチカチカにさそわれて、あっちに道草、こっちに挨拶というわけで、私さえ知らぬ方向に飛んでいく。

当時の学校の教員室の私の隣にはN先生がいた。彼女に時々、原稿を見てもらっていた。原稿を見てもらうのにちょうどいいのだ。

筆力も感性も、教師の水準あたりのところにいる。彼女が一番驚いたのは「向山さんの原稿って、昔、出した学級通信などは本当にそのままなのね」ということだった。

N先生は、私がどこかで手を加えたり創作したりしていると思っていたのである。身近にいる同僚でさえこのとおりなのだ。

もっとも、編集者は、私の原稿が原文どおりであることを知っている。私の原稿は昔のそのままをコピーしているからである。原稿用紙に書きうつすことをしてないからだ。だから、私の本を担当される編集者の苦労は大変なのだが、しかし、事実であるという証言はしてくれよう。

しかし、これほど強調しても、世の中には疑うことの好きな人があるもので「あれ、やっぱり創作でしょう」なんてことを言う人も出てくる。

というわけで、私の通知表の下書きを以下に紹介する。新卒時代、初めての通知表の下書きである。子供の名前はアルファベットにしてある。半数ぐらいは割愛している（ずいぶんくどい道草であった）。

2 「性格面」の文章の下書き

はじめに、その子の態度面や性格面を端的に書く場合が多い。

A　なかなか元気になり、腕白者にも自分の意見をいうようになってきました。身体がひよわそうなので、もっと元気にさせたいものです。

B　小さいのに似あわず気が大きく、ケンカをして相手を泣かせます。気がやさしく、ひよこ、かめなどよくめんどうを見ます。

C　このごろそうじをよくするようになりました。仕事をする点をのばしてあげたいと思います。よくケンカをしてけがをします。忘れ物が多すぎます。

D　ちょっと八方美人的なところがありますが、みんなにやさしく、なかなかの人気者です。よくをいうなら、教師をこまらす図太さがほしいものです。

E　みんなにわけへだてなくやさしく信望も厚いです。人がいじめられていると自分のことのようにかばいます。

F　遊びの時クラスの中心になります。腕力で人をおさえつける点があります。最近それがなくなりつつあり、図太さがよい面にあらわれています。

G　元気で活発です。うれしい時は〝バンザーイ〟と両手をあげます。陽気な反面たくましさのある子どもです。

H　志賀君といつもいます。友人ができたのはいいことですが、もう少し他の友達と交わるといいと思います。教師にかくれて、女の子をからかいます。

I　おとなしいのが欠点でしたが、最近ぐんぐん元気になってきています。上半身の筋力が弱いようです。

J　人のことを自分のことのように心配して、めんどうをみます。かげひなたがなく、まじめです。

K　ハーモニカをよく忘れます。無口ですが、たまに笑うことがあります。その時教師までうれしくなります。

L　こまっている人のめんどうをよくみるようになりました。クラス全員の信頼厚く、すかれています。写生大会特選。

M　いつもおだやかでにこにこしています。班長会議の司会の時など手際よく教師顔まけです。

N　なかなか気がつよいところがあって、男の子とよくけんかをします。明るく元気ではつらつとしています。そうじなどはさぼりがちです。

O　おちついてよく仕事をします。少し暗いところがあって、みんなとはしゃげないようです。

P　元気で弱い者をかばい〝あねご〟的なところがあります。クラスの人気者です。

Q　最近教師によく話しに来ます。職員室にも来ます。明るく育ってくれれば、いいと思います。

R　正しいことと悪いことをはっきり主張します。すぐれてすばらしい点です。反面、性格が弱い者には害になりやすく、相手の心までわかる寛大さがほしいものです。写生大会特選。

3 「学習面」の文章の下書き

授業中や学習の取り組みなどでみられる、その子なりの特徴的なことを記述している。

A 理数方面にすぐれています。教師の話を聞くより、きょろきょろする時間の方が長いみたいです。

B いつもわき見をしています。授業中の注意がきわめて散漫です。算数の能力などはあるのですが。

C 授業中はとても活発です。成績は優秀です。ちょっとそそっかしいです。

D 漢字、計算などの基礎的学力が足りないようです。詩を書く時の感覚はすばらしいものです。

E 授業中までこそこそ遊んでいます。授業中よく聞くようになれば、成績はもっと向上します。

F 四五分の授業で一〇分ぐらい、とても元気に発言します。三五分ぐらいうしろを向いていています。反対になるととてもいいです。

G　よく発言します。努力すればもっともっとよくなります。漢字の練習はぜひ夏休みも続けさせてください。

H　各教科とも成績優秀です。東京の生活になれるにつれて、実力はもっと上がるでしょう。

I　テストの成績はいいです。しかし授業中、とても静かすぎます。

J　授業中たいへんよく発表します。学力も上昇する傾向が見えます。二学期もがんばってください。

K　かわいらしい発言をします。算数がすぐれています。漢字はもっと反復練習するとよいでしょう。

L　元気よく発言するときと、むっつりしているときの差が大きいです。

M　とても静かです。とても。でも、近頃たまに手を挙げて発言します。そんな時、教師として喜びを感じます。

N　試験の点がよすぎるのが、たまにきずです。

O　学力はぐんぐん伸びてきました。授業中もっと発表すれば、学力はほんものになっていくでしょう。

P　論理的で極めてすぐれています。もっと元気に発表するようになれば、学力もぐんぐん向上するでしょう。

Q　静かだから損をします。遊びでも学習でもぐいぐいおしてくるようになると、もっともっとよくなります。

R　完全にわかった時、元気に発言します。ふだんも手を挙げるといいです。漢字の書き取りは特にすぐれています。

S　よく発言します。とてもそそっかしいです。漢字・計算など基礎的なことを、復習しましょう。

T　熱気のある学習に、とけこめないところがあります。もっと発言するようにしましょう。

U　からだを丈夫にすることです。勉強はそれからでおそくはありません。

V　どう学習させたらいいか悩んでいます。家庭ともっともっと協力していかねばと思っています。

W　芸術方面にすぐれています、運動神経もいいです。授業中ときどき散漫になって、算数は成績が落ちました。

4　今ならどう書くか

新卒教師の通知表としては、こんなものかと思う。子供をよく見ているとも思う。文に一種の熱気がある。六〇点ぐらいはあげてもいいだろう。が、やはり未熟だ。子供の一つ一つの行動、行為の描写が平板である。もっと具体的に表現すべきだった。たとえば、次のようにする。

> ①　上半身の筋力が弱いようです。
> ←
> のぼり棒にのぼれません。背筋力が不足しているからです。そのために、逆上がりもできません。

さらに、解決の方向を示唆することが大切であろう。はげましの言葉も必要である。たとえば、次のようにする。

② 上半身の筋力が弱いようです。
←
のぼり棒にのぼれません。背筋力が不足しているからです。そのために、逆上がりもできません。
姿勢をよくすること、歩くこと、荷物を持つことなどによって、背筋力を作るといわれています。手伝いをするなども大切なことです。
日常生活の見直しとともに、毎日一〇分ぐらいの時間をあてて、のぼり棒の半分までいくよう挑戦してみてはと思います。夏休み明けにどうなっているか楽しみにしています。

今の私なら、このように、具体的に表現するはずである。

しかし、新卒時代には「新卒らしさ」があって当然なので、それはそれでまた意味のあることだと思う。教務主任の仕事をしていた時、多くの先生方の通知表を読んだ。通知表の文を読んでみて、感心させられることも多い。反面、「ひどいな」と思うものもある。

たとえば、「教師の仕事」を「親に押し付けている」場合、次のような文がある。

例①　もっと漢字練習をさせてください。
　②　授業中うるさくて、他の人の迷惑です。
これらのことは、教師の仕事である。授業中にうるさいのは、その教師の技量が未熟だからであって、それを子供の責任、親の責任にするなどは、言語道断のことなのである。

次のようなのもひどい。

　例①　基本的学力がありますが、思考力がありません。
　　②　よく発言しますが、注意力がありません。
これは、誰にでも当てはまる平板な一般的な言葉である。子供をよく見ている教師ならもっと具体的に書けるはずである。その子だけに当てはまる文を書けるはずである。

また、「思考力がない」などとはふざけている。だいたい「思考力がない」人間など、よほどのことがない限りあるはずがない。「思考力がない」などと、子供の通知表に書く教師は、教師自体が思考していないのである。当たり前の判断力に欠けているのである。

教師は、子供に謙虚でなければいけない。

子供はもともと、伸びていく力をもっているのである。その伸びていく力を、助けてやるのが教師の仕事である。伸びていく力を助けないのみか、じゃまをしておいて、その責任を親・子供になすりつけるなど、決してやってはいけないのである。多くの教師の通知表の文章をじっくり読むと、いろいろなことが目に浮かんでくる。通知表の文章には、その教師の教育観、子供への対応、授業の技量、人柄、学級経営などが、内包されている。

通知表の文章は、教師の自己申告書である。

手前みそのようではあるが、通知表の下書きを見返して「なるほど」と思うことがあった。たとえば、次の記述である。

「テストの成績はいいです。しかし授業中、とても静かすぎます」

「試験の点がよすぎるのが、たまにきずです」

私は、新卒の時に通知表にこのような文を書いていた。これは、一つの「子ども観」であるし「授業観」であるように思う。この心は、今も変わらない。

第6章

研究会に提案をする

1　「研究報告」の作成

教師は研究授業によって成長する。二〇代で五〇回の研究授業が目安である。その程度ができなければプロの域には手が届かない。

全国区の教師になりたいのなら、二〇代で一〇〇回の研究授業は必要だろう。二〇代で一〇回や二〇回では、セミプロの道をずっと歩くことになる（それはそれで幸せであろうが）。

私にも、第一回の研究授業があった。

私の研究授業が決まったのは、研究授業日からわずか一週間前のことであった。

当時、大森第四小学校は、視聴覚教育の研究に取り組んでいた。その研究の方法に対して、私は半分くらい批判をもっていた。何をどのように研究しようとしているのか、さっぱりはっきりしなかったのである。私は研究全体会で、しばしば発言をした。そんな時期の私の研究授業であった。

私は指導案の他に、別冊の「研究報告」を用意しようと思った。もちろん、新卒の私は研究とよべるようなことをしていなかったが、しかし、主張したいことはいくつかあった。

たとえば、授業におけるテレビの役割である。
また、討議と問答との関係である。
次に、認識の発展の問題である。

この三つは、当時の研究においては、ポイントとなることであり、私は私なりに考えることもあった。

もっとも、「認識の発展の問題」というのは、どこかの聞きかじりだろうと思う。しかし、「テレビの役割」「討議と問答の関係」という観点は、私のオリジナルである。

私は研究授業が決まってから、毎日、おそくまで学校に残った。一〇時、一一時になったこともあった。ノートに主張したいことを書いてみて、一応の整理をした。孤独な仕事だった。

若い仲間たちは、スポーツをやって酒を飲んでいた。私もいつもならその中に入っているのである。三年ほど先輩の教師が「向山は点数かせぎをやっている」と話していたということが聞こえてきた。仕事をする時、必ずどこからか風当たりが強くなる。多くは、仕事をしない層の文句だった。仕事ができる人間は、愚痴も言わず文句も言わない。そういう人間なら、会議の席でちゃんと方針、意見を述べるのである。

何日かして冊子は出来上がった。研究授業を終えた協議会で、私は冊子を配り提案をした。少し驚きの空気が走った。今までそんなことをした人はいなかったからである。別途提案などということを新卒の私が初めてしたのである。それ以来、私は、研究授業の時は、別途の提案を出し続けている。

一番反応が強かったのは、石川正三郎校長だった。講師の先生が「これで研究はまとまったもんじゃないですか」と言った。しかし、同僚の空気は概して冷たかった。というより多くは無反応だった。「視聴覚教育研究協議会への中間報告」と題するこの冊子は、私の研究活動の出発点だった。

新卒の私は何を考えて、何を見ていたのか、この提案によって知ることができる。次の文章である。

視聴覚研究の中間報告

序にかえて

私の研究授業実施が決まったのは、六日前であった。

このことは、教材研究をする上でも、私のささやかな実践をまとめる上でも、きわめて大きな障害となった。わずか数日で、実践記録を整理できるものではなく、意見を聞き討論をする時間もないまま、この報告を作成するはめになった。それゆえ、科学性の希薄な独断が多いことを、まずおわびしておきたい。

しかし、あえて私が、ここに試論を報告するのは、私も大森第四小学校の一員として、現在の視聴覚教育研究の流れが、さらに豊かになることを願うからである。この報告が、最近の職員会議、研究協議会で議論の的となっている、研究方法、研究目的、研究主題の討論の一つの素材となりうるなら幸いである。教育実践をふまえた厳しい批判と反批判こそ、教育の質をさらに高くするものであることを私は信じる。そしてまた、そうした努力こそ私たちが子供に対して負うべき一つの任務と考える。

それゆえにこそ、この私見に対する呵責ない批判を！　豊かな教育実践、研究と、たくましき教師集団の形成へと、私も努力していきたいと思う。

Ⅰ　主題設定の理由

(1)　最近の教育界の注目すべき動向の一つは、哲学、心理学に基礎をおいた認識論への接近だろう。それは、教育現場から無数に生みだされる教育研究が厳しい科学性を要求される証拠だと考えられる。特にそれは、子供の認識過程、思考過程の解明にあらたな光をなげかけなくてはならない証拠だとも考えられる。

最近脚光をあびるもろもろの教育学者(a)の問題提起は伝統的なオコンの『教授過程』をのりこえる時代が近づいたことを告げているのだ。

(2) 今日、視聴覚教育を考える場合でも、その基礎となる認識理論と考えられている「感性的認識から理性的認識へ」(b)という考え方が関連されて考えられなければならない。この認識過程が成立するための教育的諸条件は何なのか、視聴覚教育はどのような役割を果たすのかが、明らかにされる必要があるだろう。

いわば、デールが主張する「経験の円錐体」(c)の、ブルーナーが主張する「直観的思考の重複」(d)の延長の中にこそ、我々現場教師が研究していかねばならない問題があると考える。

(3) 認識過程の契機を成り立たせる条件は何か。その中で視聴覚教材、方法がいかなる役割を果たすのか。これこそが私のねらう中心的な研究内容であり、そしてまた、そうしたことが先に述べた課題であると考える。

⑷　教授様式には様々の型があり(e)、それぞれの長所、短所をもっている。しかし、私たちは社会科学習の中において、認識の転換をもたらす教授様式は討議（話し合い）の状態が最も望ましいと考える。それぞれの子供が、それぞれの考えをぶつけあうことによって、それぞれ別の道を通りながら一つの（あるいはいくつかの）結論に到達できる教授様式は他にはあるまい。私はあらゆる意味でその注入主義（おしつけ）に反対する(f)。そうして育てられる子供たちは、教師のいうことは何でも受け入れるような自主性のない子供になりがちだからである。

それぞれの子供が、それぞれの概念を出発点とし、認識の転換を全体の子供が（学級集団として）得るためには、討議の状態こそ（問答ではない）作り出すべきであり、そうした討議（話し合い）の状態が生まれた場合は、目標の半分を達成したといって過言ではあるまい。

かつてウォルター・ペイターが〝すべての芸術は常に音楽の状態にあこがれる〟と述べたが、〝すべての学習は常に討議の状態にあこがれる〟といいかえてもあながちまちがいではなかろうと思う。

⑸　私は以上に述べた⑴～⑷の理由をもって、自らの研究（仮）主題を設定した。

〈注〉(a) ブルーナー『認識の心理学』明治図書
ワロン『認識過程の心理学』大月書店、『子どもの思考の起源』明治図書
ピアジェ(再録不能)
(b) 「視聴覚教育事典」視聴覚部発行資料
(c) 視聴覚部発行資料
(d) 前掲
(e) 細谷俊夫『教育方法』岩波全書
(f) 島崎藤村『島崎藤村全集　第九巻』新潮社「よい教師は少ない。生徒に物を教えたがる教師はあっても、生徒と共に学ぼうとする教師は少ない。」

Ⅱ 研究の視点

(1) 感性的認識から理性的認識の各過程に対する視聴覚資料の影響のしかたは、大別して二通りあると考えられる。一は主として感性的認識の段階で影響を与えるものであり、二は感性的認識に始まって理性的認識にまで影響を与えるものである。それらは、それぞれに特性をもっているのであり、どのような方法がいいかは決めら

れまい。それに、それらの資料は一、二に厳密に分かれているものではなく、多かれ少なかれその両方をかねそなえている。

(2) それらを「真の資料としての価値を発揮させるためには、学習効果を高める教材として再構成することが必要」(g)であり、そのことはひとえに教師の手にかかってくるのである。メディアとしての資料は教師、生徒が学習する上での手段なのであり、その意味では資料はメディア以上の価値をもってはいないのである。

(3) しかし、視聴覚教育方法の発展(科学の発展)と共に、ここに重要な変化がもたらされた。つまり、テレビ、映画等という、制作者が一定の意図をくみいれた教育方法の出現である。それはメディアとしてのからをやぶり、資料としての限界を超え、(資料+教師)の役割を果たすのである。

この(資料+教師)という役割にこそ、テレビ等がもつ欠陥があると私は考えるのである。

(4) テレビにおいては、理性的認識への発展過程にまで制作者の意図が貫かれている。そしてそれは、子供の思考過程に当然大きな影響を与える。視聴覚の認識を、規制してしまうのである。私が先日、H先生の学級で試みた授業でも顕著にそのことを示した。

「陸の移りかわり」の映画を見せ、「江戸時代のたびで困ったことは何だったろう。映画のだけじゃなく考えられるかぎり、言ってごらん」と言ったところ、〟川どめ、せき所、橋がない、山ぞく〟などの映画に出たものはすぐ答えたが、それ以上の答えはついに出なかったのである。「他にはもうありませんか」という、しつこいぐらいの質問にも「ない」という返事であった。当然考えられる、〟病気の時〟〟日数がかかる〟〟雨の日〟〟ほそう〟などの点は一つも出ず、その気配さえなかったのである。

(5)　そしてまた、テレビ等が子供たちに接近する方向へとすすみ(h)、子供の疑問を学習過程におりこもうとすればするほど、害が生じるのではないかと考える。

それは、学習のポイントとなる疑問が、子供たちの最大公約数的なものにならざるをえないからである。我々が実際に授業をする時、少数意見、少数の疑問が極めて大切な役割をする時が多い。しかし、テレビにあっては、それらのものが、捨《しゃ》象《しょう》されてしまうのである。

それのみか、テレビにあらわれる疑問も、テレビが終わった時には解決してしまう（ように見える）ことが多い。こうしたことがまちがっているということは明らかであろう。

(6) 制作者の意図が、認識過程にまで及んだテレビ等の問題をぬきにしては、それの研究はありえない。

しかし、残念なことに、私が可能な限り調べた研究は、みなそのことをさけて通っているのである。そして、麗々しく研究発表したその中味は、「テレビは、有効なものだ」という前提に立って、事前・事後の指導、その時間配分等が語られているのである。

(7) 以上に述べた意味で、私は社会科学習におけるテレビの評価は、かなり否定的なのである。（むろん、これに対する答えは今後の研究に待つべきであるが）

特に、教師の教材観、教育目標が殺されてしまうという点で否定的なのである。

それゆえ、私は自作教材を中心として研究しながら、客観的な市販資料の研究を研究主題にそってすすめたいと考える。むろん、私は自らの考えに固執するつもりは毛頭ない。それを覆すような教育実践に接すれば、考えは変えるつもりである。

（以下略）

〈注〉(g) 大田区教育委員会「昭和四十年度　研究紀要」

(h) 視聴覚研究部発行資料「小出報告」

2　研究紀要の論文

そしてまた私は、その後、自分の力を超えたことをやった。つまり年末の「研究紀要」の中間発表編に一つの論文を書いているのである。

内容は「社会科と視聴覚」、それぞれの特性を考えながら、研究の方向を定めたものである。漢語が多いわりには論がすきまだらけである。しかし、今読み返してみるといろいろと自分の参考になる。

私は新卒教師の時から、「研究しようとしたこと」を原点において考えようとしていた。この時の論文は、やたら引用が多く、自分の勉強を誇示しようとするいやらしさがあるが、しかし、それでも「自分であたってみる」ことはやっていた。また「視聴覚教育方法」を、定義しようとする意識があった。一つの語もあいまいに使うのでなく、とにかく定義してみようという意識があった。これはなかなか大切なところだと思う。

かつて私は「教育技術の法則化、共有財産化」の運動に取り組んでいたが、こうした教育研究のあり方に対する萌芽的な意識は、新卒の時からあった。自分にとって新しい発見であった。また、私は、授業にとって大切な方法として「討議」と「報告」を挙げている。

それをかなりつっこんで考えている。

これは、一貫して変わらぬ私の考えであり、新卒の時から私は実践的であり研究的であったと今にして思う。(ただし、今の私なら、こんなに分かりにくい文章は決して書かない)

(1) 社会科と視聴覚

ア 直接経験と間接経験

「なすことによって学ぶこと」(Learning by doing) は、現代学習指導の基本原則であるといわれている。が、個人がじかに身をもってする経験の範囲は、時間、空間とに制約されてごく限られたものである。過去の歴史的事実や、遠くの地域社会の事象について直接経験に訴えて学習することはできない。しかし、他の動物と異なり経験が記号によって表示され、蓄積されている人間社会の場合、対象について直接学ぶだけでなく、その事物を象徴するものを媒介にしてその事物を経験することができる。

このように間接経験による学習は、学習の能率化の観点からばかりではなく、児童の直接経験のせまさから解放し、事象の本質的理解を積極的に助けるであろう。この学習の場合、児童が抽象的なものを取り扱い、それによって学ぶことのできる程度に能力（言語、思考等）が発達しているかどうか、学習される間接経験に関連して豊かな直接経験の背景をもっているかどうか、が問題であり、それゆえに、デューイ（John Dewey）も、その著『民主主義と教育』（Democracy and Education）の中で「直接経験による学習と間接経験による学習との間にいかにして釣合いを確保するかは、現代教育哲学の最も重要な課題の一つである」と指摘しているとおりである。

イ　社会科学習指導における討議法と報告学習

われわれは、社会科学習指導において、次の二つの指導法、学習法に注目している。その一つは、児童が互いに指導者になったり、学習者になったり相互に学び合い、そこに社会性と思考の論理性とを発達させる教育方法の一つとしての討議法である。

バートン（William H. Burton）は、討議法の価値として

①話し合いから自発的な経験による有効な学習過程がはじめられる。
②反省的思考が刺激され自発性や創造性が促進され、生徒は社会的責任と協力に到達する。
③言語表現の有益な訓練をうける。

などをあげている。

ここで児童のもっている様々な、せまい直接経験が衝突しあい、視聴覚的教育方法による間接経験の提示を準備するであろう。また提示後はさらに重要である。言語としての概念化・一般化に到達するべく、まとまらないあるいはまとまりつつある言語の交錯をまきおこし、学級全体の論理化(概念化)に向かうであろう。

もう一つの方法は、児童が自ら読み、組織し、計画し、調査し、研究して得た知識を表現するところの報告学習である。共通テーマを異なった領域から研究するために協力的な小集団を組織し、自分たちの調査や研究の問題を選び、計画をたて、読書、調査研究をはじめる。教師は児童の理解できる範囲の資料を提供したり見本を示して指導する。完成したらみんなの前で発表し、質疑応答、討議が行われるという方法である。

前者も後者も、集団の一員として共働していこうとする社会的態度や能力を発達させるというところに社会科学習における積極的な意義を見出し得るであろう。報告学習が、せまい直接経験の世界から、不充分でも自ら抜け出そうと努力を示すのに対して、討議法では、必ずしもそうではない。つまり報告学習で得た成果や視聴覚的教育資料という間接経験の提示が、意図的、計画的になされなければならないという違いが顕著である。

報告学習と討議法、この両者の視聴覚的教育資料の提示による統一、これが社会科学習指導における視聴覚的教育方法の位置づけであるとすれば、われわれのもつべき研究テーマは次のようになるはずである。すなわち「社会科学習における話し合い活動を効果的にするための視聴覚的教育方法の研究」である。

若干舌足らずの点は、紙数の関係でやむを得ないとして、社会科研究部の志向するところは、概ねこんなところである。以下は、授業記録を御検討いただきたい。


（「研究紀要」）


読みにくい部分もあるかもしれない。しかし、主張は明確である。

「報告学習と討議法」など、現在でもテーマになりそうなことである。

向山学級の「討論の授業」は、このような実践研究をもととして創り出されていくのである。

3　講師に礼状を出す

研究授業は、様々なことを教えてくれる。そしてまた、様々な人と結びあわせてくれる。研究授業があると講師が来る。

そんな時、私はほとんどの場合、後日、礼状を書いた。自分が授業者であったり、問題提起者であったりした時は、当然である。そんな時、校長である人の返信率が高かった。一般的にいって手紙の場合、校長の返信率は八〇パーセント、若い教師の場合は二〇パーセント程度であった。ひどく差があった。このような時、礼状を出せる教師は腕も人物もよいというのが私の実感である。世の中には、偉そうに教育論を言ってても、礼状一つ出せない人もいる。

手紙の返事が書けないような教師は、たいした仕事ができないというのが私の実感である。忙しいというのは、出さない理由にならない。若い教師の五倍も一〇倍も忙しい人の方が、返事をくれるからである。

ある時、筑波大附属小の有田和正氏と酒席で手紙のことを話し合ったことがある。有田氏も全く同感だということだった。ちなみに、有田氏の返事は早い。着いたか着かないかと思ううちに、墨痕鮮やかな和紙に毛筆の便りが届けられる。

さて、九月になってすぐに研究会があった。学校全体では「視聴覚教育」の研究をしていた。講師は、大田区立相生小学校長の原清太郎氏であった。私は、当日の司会者であった。研究会での原清太郎氏の批評は、歯に衣を着せぬものであった。研究会が終わって型どおり、校長室が二次会になった。楽しい会であった。そして翌日、研究会の感想を含めて礼状をしたためた。原清太郎氏の返信は、早かった。

九月一九日付お手紙拝受。

またまた　先生の力には　驚きました。というのは、文章のセンスのお上手なこと、その行間から　あふれる先生の教育観。とにかく、お若い先生なのに　将来共期待できる主張で感服です。このような姿勢から、あの立派な司会が成立するのでしょう。石川校長もきっとあなたに期待をかけていると思います。

私はどうも、教師としても、管理職としても、二流の域を出ないで、先生などにとても指導などとはいえないのですが。

未来に向かっての教育の世界に、ひとりでも多く真実の教師のでることを願っています。

どうしても「先生」になりたくてこの職を選んだ私として、教育界があまりにも期待はずれであったことが過去何回もありました。そして私は（戦前と戦後すぐですが）よほど教師をやめようかと考えたことがありました。でもその頃は世の中全体がもっと余裕があったような気がします。もっともその時の私自身が、ノンキだったのかも知れません。

今、私はやがて世代交代が行われていき、若い方々に、日本の、世界の教育を託して消えていく部類に入りかけています。その時、一体、未来の学校はどうなるのだろうかと教師の全体的質の低下を私なりに悩んでいます。

その中で、先生のような方がいることを知り大変うれしく（おこがましくも）感ずるゆえんです。先生が森ヶ崎のよさをみとめ、その中で生きようとしている姿勢、頭が下がります。

視聴覚教育だけの問題ではありません。先生の言う通り、子供をぬきにして考えられないということ、それは本当です。

しかし、「子供、子供」といって　そこに甘えている教師も多いのではないでしょうか。これは先生への反対ではなく自戒です。

とにかく、教育の仕事は本質的に保守的です。頭デッカチに概念的に偉そうなことを教えていれば、何だか気のすむような風潮もあります。

でも、本当は、教育も、脳生理学、教育工学――ということから見なおされなければならないでしょう。

そして、その能率の上で先生のおっしゃるような人間のふれ合いをもっと大切にしなければなりません。

本物の教育とは、本物の教師とは……という先生自身の問いかけは、常に最重要事です。教育は未来に生きる人間のためのものであり、現在のわれわれが　どうしたらよいのか、我々の讃意のみでよいのかいろいろ問題はありますね。

いつか　石川校長などと私の学校の方へ立ち寄ってきませんか。一杯やりながらゆっくり先生と話してみたいなどと思っています。勝手なことを書きました。

御自愛、御健斗を祈ります。石川校長によろしく。

九月二五日

相生小　原清太郎

向山先生

新卒当時の私は、学生運動挫折直後であった。当然のことながら「管理職は嫌い。できたらそばに寄りたくない」という心情を強くもっていた。この時も、講師に来ていただいた方への礼儀だと思って礼状を書いたのである。

しかし、自分の意見も率直に含めたはずである。私の接した多くの校長たちは(半数くらいは)、ふところの広い人だった。もちろん、中にはどうしようもなく保身的で、俗人もいたが、多くの人はちがっていた。いろいろと教えられたと思う。

その後も、私はどれだけの人と手紙のやりとりをしたことであろう。「手紙」の場は、私にとって大切な、通信教育の場であった。

第7章

京浜教育サークルを発足させる

1　第一回学習会

京浜教育サークルは、かつて法則化運動の中央事務局を担当していた。向山・松本・石黒・舘野・板倉・新牧・石川……そのほとんどのメンバーが著書をもった。全国六〇〇の法則化サークルのターゲットでもある。

この京浜教育サークルも、出発はごくありふれたものであった。

京浜教育サークルは、一九六九年二月四日に第一回学習会をもった。

この年度、大田区に新卒教師として赴任した私、石黒修、井内幹雄が中心であった。それに、新卒研修会で「授業の感想」を述べた二人の女の先生をさそった。また、学校の同僚も、数人参加をした。

第一回の学習会は、寒い日、大森の東電のサービスセンターで開かれた。ここだけは会場を無料で貸してくれた。

学習会の内容は、「本の読みあわせ」のようなものは避けようと考えていた。どんなことでもいいが、実践に根ざすものを中心にすえようと考えていた。そこで、とりあえず、自分の授業の記録をテープにとって、テープ起こしをしてくることにした。授業記録を検討するわけである。第一回学習会には、私は社会科授業記録を持ち込んだ。私の第一回研究授業の記録である。

この時がテープ起こしをした初めてであった。テープ起こしは、思いのほか時間がかかった印象がある。交通事故が教材であった。その時の提案は次のとおりである。

社会科授業記録「京浜教育」第一回学習会（'69・2・4）

Time	教師の活動・発言	児童	児童の活動・発言 「　」は発表者以外の児童の発言。（　）は発表者・発言者の児童の動作・作業。
0	①あそこに、写真がはってあるでしょう。見た人。 ②あれは何の写真ですか。 ③そう、交通事故の写	S	「はーい、はーい」 交通事故の写真です。 「すごーい」

	真ですね。		
	今日は交通事故の事について勉強します。		
	今日は八ぱんの発表でしたね。		
	はい、八ぱん前に出てください。		
	はい、静かにしなさい。	O・A	これから八ぱんで調べたことを発表します。
		M・F	(四人前に出て、交互に表をよむ)
		A	1　交通事故の原因
		O	2　道路別交通事故
		F	3　昭和四一年　四二年度交通事故比較表
			「もっと大きく」「もっと大きくいってください」
	発表できなかったら、		(3の表で〝比較〟の漢字読めず)
	意味がないからやめ		「自分で書いた字よめねえのかよ」

なさい。

八ぱんそうだんしなさい。

O「ひらがなふってくればよかったんだよ」

F「八ぱん勉強してきたんですか」

（発表者交代、読めないところをぬかして続ける）

S 質問ありませんか。「はーい」

S君

O 上から三番目のね。その下、なんですか。

T これはね、……。

どうして昭和四一年より昭和四二年の方が多いのですか。

O それはしらべてきませんでした。

K 何年にしらべたんですか。

O この表にかいてあります。

K 駐車いはんした人、二五〇人、どうして多いのですか。

H

O えーとね、ぼくはこう思います。ちゅうしゃ

MAIO KOJO I

いはんとかいてある所が少ないから、ちゅう
車いはんが多いのだと思います。
年度別表ってあるでしょう。それなんでかい
てこなかったんですか。
それはかいてありませんでした。
年度別って何ですか。
年度別ってのは、ここに昭和四二年度ってか
いてあるでしょう。そういうのが年度別です。
ようちえんってちっちゃいんでしょう。ちゅ
ういしていないんでしょう。それで、どうし
て死んだんですか。
しらべてきませんでした。
他の通りって、どこの通りですか。
環八とか……そういう通りです。
交通事故でしらべてきたんでしょう。ようち

えんで死んだって関係ないんじゃないですか。

O　そうかいてあるんです。

「だって原因じゃないか」

「かんけいない」

C　そっちの方、昼が多いってかいてあるでしょう。どうしてですか。

O　ぼくが考えたんですけど、昼は買い物なんかにいく人がたくさんいるでしょ。だから多いと思います。

Y　夕方ね、かまたの方、きねま通り、細いところね。買い物に小さい子がついていくでしょう。お母さんがいると平気だと思って、そういうとき、事故になるんじゃないですか。

O　交通事故で死んだのに、どうしてようちえんで死んだってなっているんですか。

はい、それで終わり。

D　「前に出た」「聞いてないのか」

二はんも大森でしらべてきて、斜めの横断が多かったのに……。どうして、斜め横断をする人が多いんですか。

A　それは、斜めの横断をする人は……しらべてきてません。

N　月火水木金土日のうち、一週間にいつが交通事故が多いんですか。

O　それはしらべてきませんでした。

H　昼、お母さんなんか働きにいっているんでしょう。……これちがう。……これちがう。

O　高速道路の事故ってかいてあるでしょう。いろんな高速道路があるでしょう。いちばん多いのはどの高速道路ですか。

ぼくは、たいてい高速道路一号線だと思います。

つかれた。立って、思いっきりあーと言って背のびしよう。

④はい、それでは交通事故の原因は。なぜ交通事故がおきると思いますか。Gさん。

大体、これに含まれ

「あーあ。つかれた」

「先生あとでおこられるよ」「だいじょうぶ」

あーあ。


「はーい」

G　よっぱらい。

F　信号無視するからです。

O　左側通行したりするからではないですか。

N　おとうさんも、おかあさんも子どもをほったらかしておくから。

E　運転する人も、歩く人も不注意だからじゃないんですか。

「はーい」

ますか。

⑤そうすると運転する人と歩く人の不注意によることが多いというわけ？　そうですか、大体。

これはこの間、交通事故をなくすために

J　子どもはとび出しが多いというでしょう。それからね、いねむり運転とかね。そういうふうにすると家にぶつかって、それで交通事故が多いと思います。

B　子どものおかあさんがいるでしょう。そのお母さんが、もし三年生の子どもをもっているとするでしょ。親がはなすと交通事故になる。

「はーい」（大多数）

書いてもらったものですね。

ポスターの標語

＊とび出すな

＊雨の日はスピードを出すな

そうすると、車を運転する人や歩いている人の不注意によって交通事故が起こるということに賛成なわけですね。

⑥では地図を出して、去年大田区で交通事故の起こった場所を

「やめてー。はずかしい」

「はーい」（全員）

書き入れていきますね。
丸子橋　9
大森第二　16
中原環七交差点　54
千鳥　16
池上通り　30
大鳥居　19
不注意による交通事故が多いんでしょ。9回と54回はどちらが多い。
事故が多い所はその人々が不注意だと思うの。

「54回。54回でーす」

「そう。はーい」

ここらへんは、不注意の人が多いんだね。

⑦ここに住んでいる人に関係ないというわけですね。ほかにも原因は考えられませんか。グループで話しあってごらん。

⑧こちらを向いてごらん。気持ちわるくなんかないよ。

W

「はーい」「先生！」

丸子橋のところね、そこで事故を起こすのは、ここらへんからきた車もそこを通るんだから、どちらでもない。

（グループ討議）

「うっ、気持ち悪い!!」

（渋谷立体交差の写真を見せる）
これ見て何か思うことありますか？

⑨どうしてあふれるんですか。
この人はどうして横断歩道を歩かないのですか。
⑩どうしてこの車はどかないのかな。もう一度さっきの写真を……。

「うわっ、すごい」

R　人が車をかこんでいる。
O　車の前にいる女の子があぶない。
Y　人が車を遠ざけている。横断歩道があるのに人は車を遠のけている。
S　車が横断歩道の上にいるから。
I　前に車がいるから車がよけている。動かない。
P　つながっているから。車をおく所がないから

（バスが連なっている写真を見せる）

じゃない。

Q　前の方に車があるから動けないんじゃないですか。

⑪不注意だけかな？
もう一回見せます。
人の不注意だけだと思う人。

「はーい」（80パーセント）

（バスの写真を見せる）

⑫道路いっぱい走っているのはバスですね。
人の不注意以外に交通事故でどういうことが考えられるかな。

「道路いっぱい」

V　バスなんか急ぐでしょう。道がせまいからじゃないんですか。

Z　車が多いから。

⑬どうして裏の道までいかなくちゃいけないか、討論したいんだけど今日はできません。

S　同じです。

U　細い道があるでしょう。できるだけ近道しようと思ってどんな道も通るでしょう。せまい道では、子どもが遊んでいるから、それでね、車がくるでしょう。それで交通事故がおこる。

W　今ね、早く荷物を持っていこうという頭があるから、考えがあるから、近道をして早くいこうとする。

このグラフを見て。「東京都の人口、自動車、事故の増加グラフ」自動車の数のふえ方、人間のふえ方、けがした人の数、死んだ人の数……。		「どんどんのぼっているじゃない」
不注意以外にも原因はあると思う人。		「はーい」（大多数）
⑭こんなにふえてるの。どうしたらいいと思いますか。	W	車の数をへらせばよい。
	J	車を、人のどくような警笛にすればいいと思います。

C　自動車ばかりでなく、舟にものればよい。

N　歩道橋や信号をたくさん作ればよい。

T　人間の通る所と、車の通る所を別にすればよい。

⑮同じ人ですね。ほかの人ないですか。Eさん、どうですか。

E　考えています。

E　信号を多くすればよいといったけど、あまり多くすると雨の日などスリップして、うしろからぶつかって、むちうち症になるから、信号は中ぐらいにすればいいと思います。

（写真を見せる）

「あ、モノレール」

⑯この下は何ですか。

「海」

⑰さっきの写真の右側を見せますよ。

（立体交差の写真を見

「あっ」

せる） 交通事故をなくすに はどうしたらいいか、 この次勉強します。	
	「いいこと考えた」 「ああ、わかった」 「先生あのこといいたかったんだね」

今、読みなおすと、いろいろと欠点が目につく。

まず第一に、授業の流れが教師の誘導型となっている。人間の不注意だけで交通事故が起こるわけではない、施設の不十分さも原因があるのだという方向に誘導しようとしている。つまり、資料の準備の方向が一方通行なのである。

第二に、子供たちの「はーい」という声が気にかかる、これは、当然制限すべきだろう。静かに挙手をさせるべきである。

第三に、「なぜ、交通事故がおきると思いますか」という、とらえようのないことを聞いていることである。

一般的にいって「なぜ」という発問はひかえるべきであろう。「どうであったか」「どのようであったか」を問うべきなのである。

第四に、後半の流れが強引である。計画どおり終わらせようとする意図がアリアリと出ている。

数々の欠点にもかかわらず、一つだけまんざらでもない点がある。「人間の不注意によって交通事故が起こるのだ」という子供たちの意見と対決していることである。「施設の整備も大切なことなのだ」という点で、授業を流そうとわたりあっていることである。だから、一応の熱気が感じられる。

確かに未熟で、強引な授業であるが、子供たちの思考を、資料、写真を使いながら変容させようという強い意志が働いていることである。

この授業は未熟なりに、二〇点程度の授業の骨格はあるというのが、今の私の評価である。「子供の意見を確立させ、かつそれと対決をする」ことは、授業の大切な原則なのである。

第8章

校長の朝会の話にガクゼンとなる

1　校長石川正三郎を語る

私が今日のような仕事ができるようになるためには、多くの方々の影響があった。その中で、若い私が最も影響を受けたのは、当時の大森第四小学校校長、石川正三郎氏であった。尊敬できる人物が校長であったことは、私には幸運なことであった。『学校運営研究』誌の一九八四年一月号で、私はそのことを次のように書いた。

常に一教師として授業を語り続ける

第一京浜国道から分かれて産業道路に入り、そこからまた分かれて昔ながらの道を海岸近くまで行くと大森第四小学校がある。東京の最南端、中小工場の密集する地である。二〇年近く前まで、浅草海苔の本場であった。人情のあふれた街である。

石川正三郎氏が、この大森第四小学校に校長として赴任したのは、一九六八年四月のことである。その時、東京学芸大学を卒業したばかりの男の教師も大森第四小学校に勤務することになった。これが私である。一学年三学級から四学級程度の、中規模の学校であった。若い教師が多かった。これだけなら、どこにでもある現象だろうが、その若い教師には学生運動の経験者が多かったのである。しかも、各派というのか、各党派というのか、それぞれ属している、あるいは属していたセクトが異なっていたのである。全学連の中央執行委員とか、社青同解放派の執行委員とか、マル学同中核派の幹部とか、それぞれに一クセも二クセもある人間が集まっていたのである。

このようなメンバーで職員会議をするとどういうことになるかというと、延々と原則的見解のちがいについて議論が続くようになる。私はといえば、学生運動崩れのノンセクトの立場にあったから、けっこう意見の通りやすい位置にいた。

新卒で赴任して三日目、私にとって初めての職員会議で「研究の方向」について発言したのを覚えている。今までの研究方法論への批判であった。その当時、視聴覚教育の研究協力校になっていて、当時の研究主任の先生が「コンセプトフィルムを研究するかテレビを研究するか」という提案をされたのである。

私は「それは論理の組み立て方がさかさまだ。いったい視聴覚教育の中のどの部分について研究対象とするのか、その理由は何かといった問題を明らかにしてその後で、教具領域の限定を行うべきだ」と発言したのである。驚くべきことに、新卒三日目の教師の主張が通ってしまったのである。このように原理原則に基づく意見が通る傾向にあった。だから私にはものすごく勉強になった。

このような面だけ書くといかにもギスギスした学校のように見えるが、放課後などは、毎日のように集まってスポーツなどをして、ビールで小宴を開くというようなことがもたれていた。論争はするが、おしゃべりもするという空気が支配的だったのである。

石川正三郎校長は、どういう立場をとっていたかというと、一人の教師としてそのおしゃべりに常に参加していたのである。これは、なかなかできないことだ。

彼はそのような時に、決して管理的な立場からの発言をしなかった。押しつけがましい態度もとらなかった。

ただ、一本、ピーンと通った筋はあった。

それは常に授業を語り子供を語っていたということである。それも具体的な問題をつかまえて、具体的に語っていた。

たとえば、その当時、日中国交回復の問題が起こりかけていた時だった。

「日中国交回復をすべきだと教師が子供に語るのはつつしむべきだ。それは扇動であって授業ではない。その意見が正しいか正しくないかは別のことだ。教師が持っている一つの政治的見解を子供に押しつけるべきではない。

しかし、六年生の社会科の授業として、あるいは歴史の授業として、多くの資料を集め新聞の切り抜きもさせて、子供たちに考えさせるというのは、ぜひやるべきことだ。これは立派な授業なのである」

また、児童活動の発展段階を「新聞係」にたとえた話もされた。

「はじめは、会の中だけで通用する会報的なものであろう。それでよい、その次には、多くの情報を集めてきたり、自分たちの主張も載せていくようになるだろう。そして、子供たちの活動がうまく発展すれば、自分たちの問題について批判したり、時には教師をも批判するようになるだろう。ぜひ、教師を批判できるような子供を育ててほしいし、その批判にきちんと応えられる教師であってほしい」

うろ覚えだから、この程度にしか再現できないが、全教師を納得させたぐらい論理的な実践的な主張であった。このような話をどこでもされていた。常にされていた。あきもせずにされていた。私はそこに感動したのである。

新卒の私の目から見て「あの人は、どうしようもなくだめだ」と思える教師も一人二人いた。同僚からも親からも子供からも批難されていた。そんな人に限って、校長の悪口ばかり言うのであるが、しかし石川校長は、そんなことをおくびにも出さずに、そういう人と酒の席で、二時間も三時間も授業論を語り続けるのである。見ている方が「もういいじゃないか、やったって無駄だ」と思ってしまうのだが、石川校長は、授業論のおしゃべりをやめなかった。

それも一回や二回の付け焼刃ではないのである。在任中ずっと、チャンスがあれば必ず話を具体的な授業のことにもどし、しかも、押しつけがましさは全くなく、一人の教師としておしゃべりを続けたのである。

教師が子供を信じる以上に、校長は教職員を信じていたのである。いつの間にか私たちは、石川校長とおしゃべりをすることを望むようになっていた。

私は、多分、週のうち三日位は他の同僚ともども連れだって、蒲田、大森の安い安い酒場に通うようになっていた。話をするのは授業のことだけであった。酒を一緒に飲むようになったといっても、職員会議での校長の意見との対立は(年に数回だが)、今までと同じであった。しかし、授業に対する考え方は、今まで以上に練られ深められていった。

四年たって、転任される石川正三郎校長に話したことがある。

「私は、傲慢な人間ですから、今までに教師の仕事で師匠というような人はいませんでした。でも、石川先生だけは、私にとって唯一の師匠のような気がします。教育の世界に、向山洋一という一人の弟子を残しただけでも意味があったと思っていただけるような仕事を私はしていきたいと思ってます」

全くもって思いあがった言い草である。しかし、石川正三郎氏は腹も立てずに次のように言われた。

「いや、同僚として、私も一緒に勉強させてもらったんだよ。仲間として、一緒に考えてきただけなんだ」

石川正三郎氏は次のように言われたことがある。

「校長としての私は、限界があるんだ。私は強い人間ではない。勤評に最後まで反対された伊藤吉春校長のような強く立派な仕事はできないだろう」

自分の職務に対して、できることとできないことを常に意識されていたのだろう。このような意識が、プロには絶対必要なのだと私が痛感するのは、ずっと後になってからのことである。

石川正三郎氏は朝礼で話す内容については、全文をノートに書かれていた。

聞いている教師の方も、ひき込まれていくような話がずいぶんとあった。雲一つないぬけるような青さの秋晴れの日などは「空を見上げてごらんなさい」と言って、三〇秒ほど空を見上げさせ「今日の空があまりにも美しかったので、お話はこれでおわりです」というようなこともあった。

とりわけ忘れられない朝礼での話がある。石川正三郎校長は、要旨が次のような話をされた。


村はずれのお地蔵さまの所に、キツネとウサギがやってきました。

ウサギは、次のように言いました。

「私に速い足をくださってありがとうございます。おかげさまで毎日元気にくらしています」

お地蔵さまはニコニコして聞いていました。

次にキツネがやってきました。

「私にかしこい頭をくださってありがとうございました。でも、私は、ウサギさんのように速い足もほしいのです。どうか速い足も私にください」

これを聞いていたお地蔵さまは「ウサギさんには速い足をあげ、キツネさんにはかしこい頭をあげたのです。それなのに速い足もほしいというのは欲ばりです」と言いました。
さて、みなさんは、お地蔵さまとキツネさんと、どちらに賛成しますか。自分のこととして考えてみてください。

石川校長は子供たちの手を挙げさせた。お地蔵さまに賛成の子が、ほぼ全員約一〇〇名。キツネに賛成したのは、私のクラスの子四、五名であった。全校で数名だけである。

私は血の気がひいてきた。「やられた」と思った。反論の余地のない敗北感を私は感じた。石川正三郎氏の授業のレベルまで子供たちをきたえている学級は皆無だった、いや、この話が、石川正三郎氏が全教師にさりげなく仕掛けた挑戦なのだと気がついた教師はごく少数なのである。

しかし、校長の全教師への何と見事な挑戦なのかと、私は今でも鮮やかにその場面がよみがえってくる。

なぜ「やられた」と私が思ったのか。

なぜ「敗北感」を私が感じたのか。

そんなことは、解説するだけやぼだ。

読者の中には「分からない」と言われる方もおられるかもしれない。

しかし、ここは、自分で考えていただきたい。

この「挑戦」をあなたが解き、かつ「実践」の上でも解決していけたら、あなたは間違いなくプロの教師の道を歩み始めたのである。

第9章

教師への軌跡

本書は、私の新卒時代のことを中心に書いたものである。もう少し知りたいという方のために「教師以前」のことを書き添えることにする。

1　大学をどん尻で卒業する

私は青春に挫折し、勉強もせずに東京学芸大学を卒業した。それも正真正銘全学の、どん尻で卒業したのである。その事情もかんたんに言えば次のようになる。

大学のそばにできたばかりの風呂屋を出た時、後輩が血相を変えてやってきた。

「寮長が無期停学処分になりました」

東京学芸大学の構内は広く、周囲に五カ所のバス停があった。近郊住宅が建てはじめられたころであり、畑がまだ残っていた。私が四年生の時、寮に舎監を入れるという問題をめぐって大学当局と学生が対立をしていた。

寮長の無期停学処分は、大きな問題となった。何回かの学生大会ののち、処分撤回を求める全学ストライキに突入した。ストライキの途中、また何名かの退学処分が出た。私もストライキの輪の中にいた。

教師採用試験は七月一五日であり、私は泊まり込んでいた自治会室から試験場の新宿高校に向かった。採用試験の勉強は全くしていなかった。新宿までの車中、友人が問題集を貸してくれた。できたかできないのか分からない状態で試験は終了した。当時は、高度成長の中にあって教職を希望する者は今ほど多くなかった。そのためであろう、私は合格していた。今ならきっと落ちていたことであろう。

二学期になり、ストライキを指導していたグループがストライキ解除の方針をかかげた。私はそのグループの一員だったが、ストライキ解除は学生大会で決めるものであって、学生大会で決めた以上、それを続行すべく努力すべきだという意見であった。そのため、夏休み中は、連日のように仲間うちの論争にあけくれた。時には、十数時間論争が続いた。

学生運動は、ゲバ棒以前のまだ平和な時代であった。私の意見は入れられなかった。グループの中で、ストライキの最中にはほとんど何もしなかった人々が、ストライキ解除を支持していた。ストライキ解除のグループの意見は、学生大会で多くの学生の批判を浴びた。運動は崩れていった。このことが原因となって、私は卒業するころ学生運動を離れた。学生運動に挫折したわけである。

教員採用試験の筆記試験合格の後、面接試験があった。二人の試験官がいた。私の履歴書の趣味欄に囲碁のことが書いてあった。囲碁の話をして試験は終わった。やがて大田区教育委員会によび出された。面接を受けた指導室の部屋に、教育実習の時の先生がいた。あちこちお酒を飲みに連れていってくれた方である。教育実習時代の思い出話で面接も終了した。極端に言えば、私の面接は「囲碁」と「酒」の話で終わりであり、それで合格した。他のことを聞かれていれば、私は落ちたかもしれない。

大学四年生の二月、友人宅に泊まり込んで麻雀をしていた。友人は一軒家に住んでいた。そこに六、七人がつめかけた。手のあいている人間が食事を作り、他の人間は麻雀をしていた。麻雀は二四時間ぶっ通してやっていた。手があいた人間が寝た。

食事のおかずは、納豆と卵が多かった。一週間もすると、金がなくなってくる。全員の金を全部はたいて、それでも不足してきた。知恵者がいて、みんなの腕時計を質屋に入れた。さらに一週間がすぎた。夜中の一二時に停電になった。その時はさすがに「これで今夜は寝よう」ということになりかけた。立川高校出身の友人が「親友の家が近くにある。いいおばさんだ」と言いだした。彼が夜中、「卒論を手伝っているのです。ローソクないでしょうか」とその家をたずね、四本のローソクを持ち帰ってきた。四本のローソクを麻雀卓の四隅に立てて、麻雀を続けた。その姿は鬼気迫るものがあった。

みんなの心はいら立っていたのだ。

明日がどうなるのか誰も分からなかった。退学処分になった二名もその中にいた。もうすぐ大学を離れ、それぞれの場所へ散っていくことは分かっていた。そこがどこなのか、どのような生活があるのか、誰も夢を描くことはできなかった。高度成長のかげで、私たちの人生はいら立ちをひきずっていた。

みんな麻雀に熱中し、その麻雀が馬鹿に楽しかった。麻雀の場では皆、陽気であった。私は、この時食べた、たきたてのごはんに卵入り納豆をかけた食事を今も忘れられない。極上の味であった。

しばらくするとまた、経済的にピンチになった。食事はまだしも、灯油が切れると寒くていけなかった。

私は全員を隣町に住んでいる叔母の家に連れていった。「卒論の合宿だ」と言って。すぐに、すき焼きをごちそうしてくれた。米と野菜とつけものを帰りがけにどっさりともらった。叔父が灯油も出してくれた。

友人宅にもどって、また麻雀が続いた。そんな時、私に伝言が届いた。母からだった。

母はあちこちと私をさがしたらしい。大学から電話があって、私は卒業できないとのことだった。

私は「教育心理学」の一つの単位を落として、留年することになったらしい。逆に言えば、他はすべて合格していたのである。

私は、その場ですぐに、教育心理学の先生の自宅に電話をした。私が落ちた理由は、「出席日数が不足していた」ためであった。試験の成績を聞いてみたら、「それは優秀であった」ということであった。そこで、私は公衆電話でえんえんと老教授に懇願を始めた。

出席日数が足りないのであるから、非は私にあった。しかし、出席日数の数え方は、教授によって様々なのである。厳密な先生もいれば、出席をとらない先生もいた。私はその先生の授業を一年前期、後期、二年前期、後期、三年前期、後期、四年前期、後期というように八回もとっていた。そして八回落ちていた。すべて出席不足であった。都合のわるい時間帯にあったのである。

その時の私は必死であった。

「私は先生の授業をなんと八回もとっている。出席した日を全部足せば、出席日数の二倍を軽く超えている」というような、笑い話のようなへ理屈もつけてみた。相手は、まるで受けつけなかった。公衆電話なので電話代がかかる。私は、私の電話のあくのを待っている人に「私の人生の重大なことなのです。十円玉があったら貸していただけませんでしょうか」と言って、十円玉を借りたものだった。

あの時、電話を待っている人がいなかったら、そして十円玉を貸してくれなかったら、私の卒業は一年遅れており、私の人生はまたちがったものになっていただろう。三〇分間も電話でねばっても、だめであった。

私は自分の個人的事情も訴えてみた。父親を早く亡くしていること、私が長男でありどうしても卒業して勤めなくてはならないこと、先生の単位不足だけで卒業ができないこと――などをである。先生が一番気にしていたことは、「本当に私の単位不足だけで卒業できないのか」ということであった。一人の人間の一生を左右することにためらいがあったのだと思う。

ついに先生は折れられた。「何かテーマを決めて調査をして、そのレポートを持ってきなさい。それで判断します」そう結論を出された。

友人たちで、レポートのためのアンケートを記入した。自分たちで書いてしまったのである。「子供というのは、字をまちがえるんだ」「消しゴムをよく使うんだ」と言って、なかなか、それらしい出来栄えだった。

それをもとに私は文章を仕上げた。

そして翌日、私は教授宅にそれを届けた。教授は中を見ないで、単位をくれると言った。「君がレポートさえ持ってくればよかったのだ」とも言った。「すぐに、大学の教務係に行きなさい」と言ってくれた。

その足で、大学の教務係に行った。着いたのは六時過ぎだった。もう、まっ暗であったが、教務係の部屋は、忙しそうだった。卒業までの準備があるのだろう。教務係に事情を言うと、難色を示した。「冗談じゃない」という感じである。事情はすぐに分かった。もう書類は出来上がっているのだ。私は、卒業保留者の冊子の中にちゃんと名前が入っていた。留年がしっかり決まっていた。ここで私の卒業を認めれば、卒業生番号が全部ずれてしまうことになる。これは大変なことにちがいなかった。

しかし、私もひけない。「教授が単位をくれると言ったこと、卒業を認定する教授会はまだ四日先であること、現在の教務係の準備は係としての準備であって、まだ決定できるものでないこと」を主張したのである。結局、課長が教授と話し合うことになった。

私は卒業できることになった。卒業式の日、全体の式の後、社会科は別の場所で卒業証書をもらうことになった。「町田、向井……」私の番が近づいてきた。ところが、どういうわけか、私のところを通りすぎてしまったのである。「村井、山下、山本、渡辺……」私は一瞬血の気がひいた。やはりだめだったと観念した。ところが、一番最後、どん尻に「向山」と呼ばれたのである。

「生き返った気がする」とは、こんなことをいうのであろう。本当にほっとした。

私の卒業生番号は、全体のどん尻だったのである。うまいことを考えたものだ。私は本当は留年するところだった。卒業の各方面の準備はすすんでいた。そこに私が割り込めば、卒業生番号がずれていくことになり大ごとになる。そのため、私を全学生のどん尻につけたのである。

こうして私は東京学芸大学を卒業した。

私は学生運動に挫折し、卒業全体のどん尻でかろうじて卒業したのである。心の傷は深かった。その上、学生時代勉強してこなかった私は教師としての教養が何もなかった。傷は深く、学問はなく、最悪の状態から私の教師生活はスタートした。

しかし、自分のささやかな原点だけはあった。

私は、自分が主張したことは最後まで責任をもつ教師になろうと思っていた。
教育の場で、子供たちが示す事実のみに依拠して考えていこうと心に決めていた。
今までのように、スローガンでことを見るのは決してすまいと誓っていた。事実のみをもとに考え、事実のみを根拠に主張していこうと思っていた。

それが、どのようなことの主張であり、どのような方面に向かって主張していくのか当時は分からなかったが……。

それだけが、私が青春時代に多くの時間を犠牲にして得た対価だったのである。

2　私の教育実習生活

大学三年の時の教育実習は東京学芸大学附属世田谷小学校だった。四年一組担当で、指導教官は社会科の石野明先生であった。後に、国立学園の園長になられた。六名ほどの実習生が一緒だった。男は私と塚田君だった。石野先生は、よく私と塚田君を飲みに連れていってくれた。焼き鳥屋でアレコレしゃべったことが、今でも目に浮かぶ。

石野先生は、一度、私を有頂天にさせるようなことを言われた。

「附属小にはたくさんの実習生が来る。今までに来た学生の中で向山君が子供の扱い方が一番うまい」

ほめられることはいいことだ。私は今でもこの言葉が忘れられない。もちろん、半分以上を割り引くべきだろうが、当時本人をやる気にさせたのである。

見知らぬ学生が六人集まって、一カ月の生活を送った。反省会を毎日やった。その時の記録が今も手元にある。お互いに好き勝手なことを言っていた。何をやっても、けなしてばかりいた。

一カ月が経ち、別れる時、お互いに寄せ書きをした。昭和四一年一〇月一三日のことである。

女子学生は次のように書いてくれた。

●あなたは子供の心を強くつかんでいます。あなたは、不遠慮に人の心の中にズカズカ入りこんでいく人です。そして、その人の心をつかんでしまう人です。(A)

●君の頭のよさと、積極的態度と、話のうまさが、にくらしい。子供のハートをがっちりつかめるのは、何故？　性格？　人間性？(B)

●あれだけ子供たちの心をひきつけたのはなんだったのでしょうか。すばらしい人だと思います。けれど私のような子もいることをおぼえておいてくださいね。(C)

そして、もう一人の男の実習生だった塚田君は次のように書いてくれた。

●教育における偉大なる実践家たることを目標に頑張って欲しいと思います。それが出来る人間です。君は！(塚田肇)

あれから数十年がすぎた。教育実習で一緒だった人も、どこかで教壇に立っていたであろう。ある年、東京学芸大学卒業生名簿を購入した。卒業して初めて購入したのである。同窓会など無縁な人間であった。その中に塚田君の名前を発見した。東学大附属大泉小学校の教官になっていた。あまりのなつかしさに、すぐ電話をかけた。附属小でもしばしば私のことが話題になると話していた。
石野先生には「学級経営シリーズ」四年、五年、六年編三冊をお送りした。おり返し長い返事がきた。

教育実習の時、子供たちには子供たちの感想があった。学芸大学附属小学校の子供の作文と、四年生で実習した田園調布小学校の五年生の作文を紹介する。

じゅ業のかんそう。と先生について

学芸大附属小　四年一組　A・M

先生はとてもおもしろくおしえてくれる。だからいつもわらいがたえない。きらいなこのしゃかいもおもしろくかんじる。でも先生は、みかけによらずきびしい。いうこともおもしろいけれど、かおもおもしろい。

先生はシャツをきてる日が多い。でも一回だけせびろをきてきた。せんせいのふくそう↓顔はめがねをかけている。こんやみどりのシャツをよくきる、うでにとけいがある、ズボンのポケットに二本のまんねんひつがはいっている。きょうしつでは、サンダル、外は短ぐつをはいている。かおは↓かみのさきがのびている。ひとえまぶた、ポツポツとひげがはえている、はなはわりに大きい。これでおわりだ。

向山先生　　田園調布小　五の五　A・F

先生は、休み時間になると屋上で遊んでくれたり、トランプの手品をみせてくれたり、ほんとうに親しみやすかった。また、少しことばづかいが悪かったけれど、かえって、その方が、きらくに話せて、なんだか友だちと話をしているようだった。

先生の授業は、ちょっと、きびしかったけれど、そのほうが私たちにとっては、知識が身についてよかったと思う。先生の国語のテストは、印象に残るもののひとつだった。かきとりのテストは、はねるところ、とめるところまで細かく採点されるし、残雪のところのテストは、短文・主題までも、みられる。今まで、こんなにきびしくされたことは、あまりないし、ほんとうにこまってしまった。

それと同じように授業でも、どうしてかなときかれると、こたえられなくなってしまう。しかし、かえってそのほうが、自分で気がつかなかった大切なことが、発見でき、そして、よくわかった。この作文の中にも、ことばのつかいかたや漢字のまちがいがあるかもしれない。でも、これだけは、許してほしい。

三週間だけでなく、先生には、ずっといてほしかった。短い間だったが、先生の思い出はいつまでも忘れない。先生も、時々は私たちのことを思いだしてもらいたい。

お元気で、おしあわせに。

一九六七年一〇月七日（土曜日）

教育実習当時の私の授業がどんなものであったか、今は分からない。しかし、手がかりになるものは残っている。私が作った試験問題である。

田園調布小学校で、私は国語の時間に「残雪」の授業をして次の試験問題を作った。何を授業していたか推定できる。

国語試験（残雪）　　氏名　　点数　　（向山実習生）

一、

ことし②も残雪はがんの群れをひきいてぬま地にやってきました残雪はこのぬま地に集まるがんの③トウリョウらしいなかなかりこうなやつでなかまがえさをあさっている間もゆだんなく気を配って④りようじゅうのとどく所まで⑤けっして人間を寄せつけませんでした

①右の文に「、」と「。」を書き入れなさい。

②「も」という字はどういうことをあらわしていますか。説明しなさい。

③トウリョウを漢字にして意味を書きなさい。

④りようじゅうのとどく所とはどういうことですか。同じようないい方を一ついいなさい。

⑤「けっして」はどの語句にかかりますか。

⑥次の漢字を使ってじゅく語を三つ作りなさい。

（群）

（寄）

二、次の文の「ぼつぼつ」と「いよいよ」の意味はどうちがいますか。

・ぼつぼつぬま地にがんの来る季節になりました。

・いよいよ残雪たちがやってきました。

三、次の文を二つの文にしなさい。

①えさをあさったあとがあるのに、一わもはりにかかっていませんでした。

②まっ白なまじり毛をもっていたので、残雪とよばれていました。

四、次の文を一つの文にしなさい。

①じいさんは小屋の中にかくれました。そしてがんの来るのをまちました。

②白い雲のあたりから何か一直線におちてきました。残雪です。

五、次の語句を使って短文をつくりなさい。

①いげん

②かねて

③思わず

④なおも

六、

残雪のひきいる一群がことしもやってきたと聞いて、大造じいさんは、ぬま地へ出かけていきました。がんたちは昨年じいさんが小屋がけした所から少しはなれた地点をえ場にしている①ようでした。②そこは、夏の大水で水たまりができて、がんのえさが、じゅうぶんにあるらしかったのです。

① 「え場にしていました」としないで「……ようでした」と書いたのはどうしてですか。

② 「そこ」とはどこのことですか。

七、漢字をかきなさい。

㋑トクベツ　㋺ホウホウ　㋩ケイケン　㊁イチメン　㋭イジョウ

㋬シッパイ　㋣モえる　㋠ドウサ　㋷ミマモる　㋦ミチビく

八、

残雪は、大造じいさんのおりの中で、ひと冬をこしました。春になると、むねのきずもなおり、体力も、もとのようになりました。

ある晴れた春の朝でした。

じいさんは、おりのふたをいっぱいにあけてやりました。残雪は、あの長い首をかたむけて、とつぜん広がった世界におどろいたようでした。バシッ。快いはおとをたてて、一直線に、空に飛びあがりました。

らんまんとさいたすももの花が、③そのはねにふれて、雪のように清らかに、はらはらと散りました。

①右の文に題をつけなさい。
②右の文を段落に分けて、段落ごとの主題（テーマ）を書きなさい。
③「その」とは何のことですか。

九、

①残雪の目には、人間もはやぶさもありませんでした。②ただ、救わねばならないなかまのすがたがあるだけでした……………残雪は、むねのあたりをくれないにそめて、ぐったりしていました。しかし、③第二のおそろしい敵が近づいたのを知ると、残りの力をふりしぼってぐっと長い首をもちあげました。

①「残雪の目には、人間もはやぶさもありませんでした。」とは、どういう意味ですか。
②「ただ」はどこにかかりますか。
③第一の敵は何ですか。
第二の敵は何ですか。

一〇、

残雪は、ゆだんなく地上を見おろしながら、群れをひきいてやってきました。

そして、いつものえ場に、きのうまでなかった小屋をみとめました。

「ようすのかわったところに、近づかぬがいいぞ」①かれの本能は、②そう感じたらしいのです。

ぐっと急角度に方向を変えると、③その広いぬま地のずっとはしに着陸しました。

①かれとはだれのことですか。
②何をそう感じたのですか。
③そのとは、どこのことですか。

以上が、私が教育実習生時代に作成した読解問題である。

後年、同じ教材『大造じいさんとがん』で学級の子供たちが四〇〇問以上の問題作りを行う向山実践が誕生した。これは、分析批評という指導法を授業に取り入れることで可能になったのだが、文中の言葉を根拠に分析する方法は、すでにこの時代にも散見されていたようだ。

解説

「子供の事実」から出発するという姿勢

山梨県山梨市立岩手小学校　雨宮 久

本書は、教師がどのようなことを考え、何をすればよいのかがきわめて具体的に書かれている。向山氏の教育思想の原点ともなっている言葉がある。

> 私は、自分が主張したことは最後まで責任をもつ教師になろうと思っていた。教育の場で、子供たちが示す事実のみに依拠して考えていこうと心に決めていた。今までのように、スローガンでことを見るのは決してすまいと誓っていた。事実のみをもとに考え、事実のみを根拠に主張していこうと思っていた。
>
> （一八八ページ）

氏は、常に「事実」を大事にする。「事実」を真摯に受け止める。それは、現在も変わらない、巨大な思想である。

知能指数二七の子供を受けもった時、氏は決意する。

> それが事実であるなら、ここから出発するしかない。教育とは時間がかかるものなのだ。多くの出来事が生じるだろう。それを通して、A子も他の子もそして私も試されていく。
> （六九ページ）

最後の「試されていく」というところに衝撃を受けた。実に前向きである。向山氏がよく言葉にすることがある。

「それは、神様からの宿題なんだ」（雨宮メモ）

その思想、姿勢がここに現れている。

若い頃、私は「なぜこの子はできないんだろう」と子供の事実に原因を求めていた。しかし、それで終わりであった。原因を見付けることは、それなりに重要だろう。しかし、それのみに終始すると、目の前の子供から遊離してしまう。生育歴が原因、家庭が原因、前担任の指導が原因などと言っていたのでは、少しも前にすすまない。目の前の子供の事実に正対して、そこから出発しなければ何も変わらない。しかも、自分が、子供が「試されている」という考えである。

氏のこのような思想に出会ってから、私自身も自分の課題を「試されている」と思い、前向きに取り組めるようになった。

発達障害のあるM男を受け持つことになった。今までTOSSで学んできたが、M男にあてはまるかどうかが分からなかった。向山氏の言葉を思い出した。「教師としての力が試されている」のだ。私は、向山氏と同じように子供の事実からスタートすることにした。

つまり、まず「事実を記録する」ことから始めた。

計算はどの程度できるのか。何ができて、何ができないのか。

運動は何ができるのか。ケンパはどの程度できるのか。懸垂は？　走ることは？

M男は、しばしばパニックを起こした。算数の授業中に「お前の教え方が悪いんだ」と言われたことがある。「クビにしてやるから校長先生のところへ行く」と大声でわめき散らしたこともあった。だからこそ、どんな時にパニックになるのかを記録した。母親は、そんなM男に上手に対応していた。その対応方法は、どのようなものなのかを記録した。

そこから「指導の方法」が見えてくると思ったからだ。

観察、記録していたら、M男のパニックの前兆が見えるようになってきた。

イライラがたまり始めると、視線をそらしはじめる。椅子に座りながらわずかにモジモジする。そのままほっておくと、ハサミなどで机を叩き始める。

できるだけ早く、わずかな変化に気付き、安心させる。

この経験は、その後の私の指導に大きく影響した。結果、一年後、M男はパニックを起こさなくなった。私は「事実」を知ることからスタートすることの重さを再認識した。

「事実」を「具体的に」見ることとは、冒頭に紹介した氏の言葉の中にある「スローガンでことを見るのは、決してすまい」という言葉の実際である。

だから、本書にある「通知表の文面」は、具体的であり、「誰でも当てはまるものではない」。

そして、誰のことなのかを特定できる記述が紹介されている。

学級経営案においても、その思想は同じである。

その他、新卒の時の日記、研究会の提案文書、授業記録、学級経営案、通知表、学級通信、子供の作文、それらすべての事実から氏の教育は出発し、現在ある数々の実践や仕事に結びついている。教師の仕事は、このように「つながっていく」ものなのだと氏の大きさに驚いた。まさしく氏の言葉にある「教師の仕事は知的な仕事」なのである。

教育を科学的にしたのは、向山洋一氏だけである

TOSS　サンライズ　奥本　翼

新卒の頃、授業のやり方が分からなかった。初めて受けもった子供たちは三九名。授業は、自分がかつて教えられた方法の押しつけしかできなかった。

子供が純朴だったので、学級は荒れなかった。しかし、子供の顔が上がらない。授業が分からないのは、自分の授業のまずさであることは明らかだった。黒板に板書している時、後ろで子供たちの冷ややかな視線を感じた。

休み時間になると、「あー、やっぱ算数って分かんねぇ！」と男の子が言う。「雰囲気を崩す」と、その場で叱り、黙らせた。男の子は、目を真っ赤に腫らして泣いていた。

子供は悪くない。自分がすべて悪い。そんなことも、分かっていた。

毎日、職員室で懺悔を聞いてもらった。

「今日も子供を怒鳴りつけて泣かしちゃったんです。あの子たちは、悪くないのに……」

気づけば、同僚の前で涙を落としていた自分がいた。

「熱意さえあれば、それが子どもに伝わるわよ」

「授業なんて、経験を重ねればうまくなるって」

そのようなアドバイスをもらったが、何も現状は変わらなかった。学級崩壊する夢を、子どもたちが目の前からいなくなってしまう夢を、毎週のように見ていた。


熱意があれば、教師になることはできる。

しかし、熱意があっても方法論を知らなければ、教育はできない。


これが、教師になって最初に学んだことであった。

現状を変えるために、県内外の教師サークルを駆けずり回った。しかし、依然として子供の事実は変わらなかった。

多くの研究会で扱われているのは、「指導案の書き方」や「教材の研究」ばかりである。具体的な指導法が学べるわけではなかった。勉強したことが実践に反映されるまでには、膨大な時間がかかりそうであった。

そんな時期に、友人を通してＴＯＳＳ、そして向山洋一氏の存在を知った。

驚いた。震えが止まらなかった。

向山氏の著書に書かれていることを実践すると、子供たちの反応がまるで違う。

算数のテストで二〇点、三〇点しか取ったことのない子が、八〇点、九〇点を取るようになった。授業が楽しいと言ってくれる。

国語の授業が終わっても、話し合いが止まらない。休み時間も論争し続けるほど、授業に熱中するようになった。

跳び箱のできない子が跳び箱を跳べるようになった。とびっきりの笑顔を見せてくれた。

学校が楽しい。勉強が楽しい。このクラスになれてよかった。このような「子供の事実」が生まれるようになった。

> 子供たちだけに目を向けるのだ。教室の事実こそに目を配るのだ。
> それも、深く、広く。
>
> （八四ページ）

これからも「子供の事実」を積み上げたい。

教師は医者と同じである。プロの医師は、すぐれた技術を学び、技能を身に付けているから、プロの医師なのである。プロの教師は、すぐれた技術を学び、技能を身に付けているから、プロの教師なのである。
現在、ＴＯＳＳで学んでいる先生方は、全国で一万人を超えている。若い教師を中心に、多くのサークルが誕生し続けている。
ＴＯＳＳのポータルサイト「ＴＯＳＳランド」には、ＴＯＳＳのすぐれた指導法が紹介され、全教員が自由に教育の情報を交流できるようになっている。（http://www.tos-land.net）
向山氏の最大の魅力は、その思想にある。

> すべての子は大切にされなければならない。
> たった一人の例外もなく。

私の大好きな言葉である。

ＴＯＳＳを知り、向山洋一氏を知り、プロ教師への道を歩み始めて七年。生涯、追い続けるべき存在は、向山洋一ただ一人。そのように決めた。

現在、私の所属するサークルでは、向山洋一氏の結成した京浜教育サークルを目標に、日々実践の交流が行われている。

学芸みらい教育新書 ⑩

小《しょう》学《がく》三《さん》年《ねん》学《がっ》級《きゅう》経《けい》営《えい》
新《しん》卒《そつ》どん尻《じり》教《きょう》師《し》はガキ大《だい》将《しょう》

2016年1月15日　初版発行

著　者　向《むこう》山《やま》洋《よう》一《いち》

発行者　青木誠一郎

発行所　株式会社学芸みらい社
〒162-0833 東京都新宿区箪笥町31 箪笥町SKビル
電話番号 03-5227-1266
http://gakugeimirai.jp/
E-mail：info@gakugeimirai.jp

印刷所・製本所　藤原印刷株式会社

ブックデザイン・本文組版　エディプレッション（吉久隆志・古川美佐）

ISBN978-4-908637-02-5 C3237

GAKUGEI MIRAISHA

授業の新法則化シリーズ（全リスト）

書　　名	ISBN コード	本体価格	税込価格
「国語」　～基礎基本編～	978-4-905374-47-3 C3037	1,600円	1,728円
「国語」　～1 年生編～	978-4-905374-48-0 C3037	1,600円	1,728円
「国語」　～2 年生編～	978-4-905374-49-7 C3037	1,600円	1,728円
「国語」　～3 年生編～	978-4-905374-50-3 C3037	1,600円	1,728円
「国語」　～4 年生編～	978-4-905374-51-0 C3037	1,600円	1,728円
「国語」　～5 年生編～	978-4-905374-52-7 C3037	1,600円	1,728円
「国語」　～6 年生編～	978-4-905374-53-4 C3037	1,600円	1,728円
「算数」　～1 年生編～	978-4-905374-54-1 C3037	1,600円	1,728円
「算数」　～2 年生編～	978-4-905374-55-8 C3037	1,600円	1,728円
「算数」　～３年生編～	978-4-905374-56-5 C3037	1,600円	1,728円
「算数」　～４年生編～	978-4-905374-57-2 C3037	1,600円	1,728円
「算数」　～５年生編～	978-4-905374-58-9 C3037	1,600円	1,728円
「算数」　～６年生編～	978-4-905374-59-6 C3037	1,600円	1,728円
「理科」　～3・4年生編～	978-4-905374-64-0 C3037	2,200円	2,376円
「理科」　～5年生編～	978-4-905374-65-7 C3037	2,200円	2,376円
「理科」　～6年生編～	978-4-905374-66-4 C3037	2,200円	2,376円
「社会」　～3・4年生編～	978-4-905374-68-8 C3037	1,600円	1,728円
「社会」　～5年生編～	978-4-905374-69-5 C3037	1,600円	1,728円
「社会」　～6年生編～	978-4-905374-70-1 C3037	1,600円	1,728円
「図画美術」　～基礎基本編～	978-4-905374-60-2 C3037	2,200円	2,376円
「図画美術」　～題材編～	978-4-905374-61-9 C3037	2,200円	2,376円
「体育」　～基礎基本編～	978-4-905374-71-8 C3037	1,600円	1,728円
「体育」　～低学年編～	978-4-905374-72-5 C3037	1,600円	1,728円
「体育」　～中学年編～	978-4-905374-73-2 C3037	1,600円	1,728円
「体育」　～高学年編～	978-4-905374-74-9 C3037	1,600円	1,728円
「音楽」	978-4-905374-67-1 C3037	1,600円	1,728円
「道徳」	978-4-905374-62-6 C3037	1,600円	1,728円
「外国語活動」（英語）	978-4-905374-63-3 C3037	2,500円	2,700円

学芸を未来に伝える
学芸みらい社
GAKUGEI MIRAISHA
株式会社 学芸みらい社（担当：横山）
〒162-0833 東京都新宿区箪笥町31　箪笥町ＳＫビル
TEL:03-6265-0109（営業直通） FAX:03-5227-1267
http：//www.gakugeimirai.jp/
E-mail：info@gakugeimirai.jp

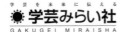